中国史大纲

谢苇丰 / 著

北京理工大学出版社
BEIJING INSTITUTE OF TECHNOLOGY PRESS

版权所有 侵权必究

图书在版编目（CIP）数据

简明中国史大纲 ／ 谢苇丰著. —北京：北京理工大学出版社，2017.9（2020.5 重印）
ISBN 978-7-5682-4293-6

Ⅰ.①简… Ⅱ.①谢… Ⅲ.①中国历史—通俗读物 Ⅳ.① K209

中国版本图书馆 CIP 数据核字（2017）第 184426 号

出版发行 ／ 北京理工大学出版社有限责任公司
社　　址 ／ 北京市海淀区中关村南大街 5 号
邮　　编 ／ 100081
电　　话 ／（010）68914775（总编室）
　　　　　　82562903（教材售后服务热线）
　　　　　　68948351（其他图书服务热线）
网　　址 ／ http://www.bitpress.com.cn
经　　销 ／ 全国各地新华书店
印　　刷 ／ 保定市中画美凯印刷有限公司
开　　本 ／ 710 毫米 ×1000 毫米　1/16
印　　张 ／ 15　　　　　　　　　　　　　　　　　　责任编辑 ／ 朱　喜
字　　数 ／ 238 千字　　　　　　　　　　　　　　　文案编辑 ／ 朱　喜
版　　次 ／ 2017 年 9 月第 1 版　2020 年 5 月第 4 次印刷　责任校对 ／ 刘　娟
定　　价 ／ 35.00 元　　　　　　　　　　　　　　　　责任印制 ／ 李志强

图书出现印装质量问题，请拨打售后服务热线，本社负责调换

《简明中国史大纲》例言

（一）本书约分两大类：第二编至第四编，详叙事实；第一编及第五编，意在贯通。

（二）史事最复杂，本书提纲分目，按类详述，颇能一目了然。

（三）本书对于一事，多溯其源流，详其事实，述其结果，究其影响，以期得此一事的概念。

（四）近世事实尤为重要，本书所以叙述较详。

目　录

第一编　绪说 ··· 1

第二编　上古史 ··· 5
　　第一章　上古之神话和传说 ·· 7
　　第二章　夏商之兴亡 ··· 9
　　第三章　周之建国及政教 ·· 12
　　第四章　春秋与战国 ·· 15

第三编　中古史 ·· 19
　　第一章　秦之兴亡 ··· 21
　　第二章　西汉之兴亡 ·· 24

第三章　东汉之兴亡 28

第四章　两汉对于域外之经营 30

  第一节　北方 30

  第二节　西方 31

  第三节　东方 32

  第四节　南方 33

  第五节　交通 34

第五章　两汉之学术 35

第六章　三国至南北朝的政局 36

第七章　魏晋至南北朝的文化 43

第八章　隋唐之政局 46

第九章　隋唐的武功和交通 52

  第一节　东方 52

  第二节　北方 55

  第三节　西方 56

  第四节　南方 57

  第五节　交通 59

第十章　隋唐之文化 …… 62

第十一章　五代十国 …… 66

第十二章　宋之政局 …… 69

第十三章　宋代之少数民族 …… 72

第十四章　宋代的文化 …… 80

第十五章　元代之武功 …… 83

第十六章　元之交通和文化西渐 …… 88

第十七章　明代之政局 …… 90

第十八章　明代之对外 …… 95
 第一节　蒙古 …… 95
 第二节　日本 …… 97
 第三节　安南 …… 99
 第四节　西洋 …… 100

第十九章　元明之文化 …… 101
 第一节　理学 …… 101
 第二节　文学 …… 103
 第三节　艺术 …… 105

第四编　近世史 ... 107

第一章　清代之勃兴 ... 109

第二章　清代之武功 ... 113

第三章　清初之政治 ... 118

第四章　清初的交涉 ... 122
　　第一节　中俄交涉 ... 122
　　第二节　中英交涉 ... 124

第五章　鸦片战争 ... 126

第六章　太平天国之革命 ... 129
　　第一节　太平以前的内乱 ... 129
　　第二节　太平天国之革命 ... 131
　　第三节　太平天国后之内乱 ... 135

第七章　英法联军与中俄交涉 ... 136
　　第一节　英法联军之役 ... 136
　　第二节　中俄交涉 ... 138

第八章　西南藩属之丧失 ... 140

  第一节 中法战争和安南之亡 ························ 140
  第二节 缅甸、暹罗之丧失 ····························· 142
  第三节 藏边藩属之分离 ································ 143

第九章 中日战争 ·· 144
  第一节 战前之日本 ···································· 144
  第二节 战争及合约 ···································· 146
  第三节 战后之影响 ···································· 147

第十章 革新运动之始末 ·································· 150
  第一节 革新运动以前之现状 ························ 150
  第二节 戊戌政变 ······································· 151
  第三节 政变的影响 ···································· 152

第十一章 八国联军之役 ································· 153
  第一节 拳乱之情状 ···································· 153
  第二节 联军入北京及《辛丑条约》 ················ 154
  第三节 事后之影响 ···································· 155

第十二章 日俄战争和满洲问题 ······················· 156

第十三章 清亡 ··· 158

第十四章　清之文化 ··· 160
　　第一节　经学和史学 ··· 160
　　第二节　文艺 ··· 162

第五编　总说 ·· 165

第一章　民族 ··· 167

第二章　历代集权制之变迁 ··· 171

第三章　历代官制之变迁 ··· 175
　　第一节　中央政府的组织 ··· 175
　　第二节　地方官制 ··· 178

第四章　历代之田制 ··· 181

第五章　历代之征税 ··· 184
　　第一节　赋税 ··· 184
　　第二节　杂税 ··· 188

第六章　历代之兵制 ··· 191

第七章　历代之用人制度 ··· 195

第八章 历代的工商业 ·· 203
第一节 工业 ·· 203
第二节 商业 ·· 207

第九章 历代之家族制度 ·· 211

第十章 历代之奴隶制度 ·· 213

第十一章 历代之宗教 ·· 215
第二节 佛教 ·· 215
第一节 宗教概言 ·· 215
第三节 道教 ·· 219
第四节 各教 ·· 220

附表 ·· 221

第一编 绪说

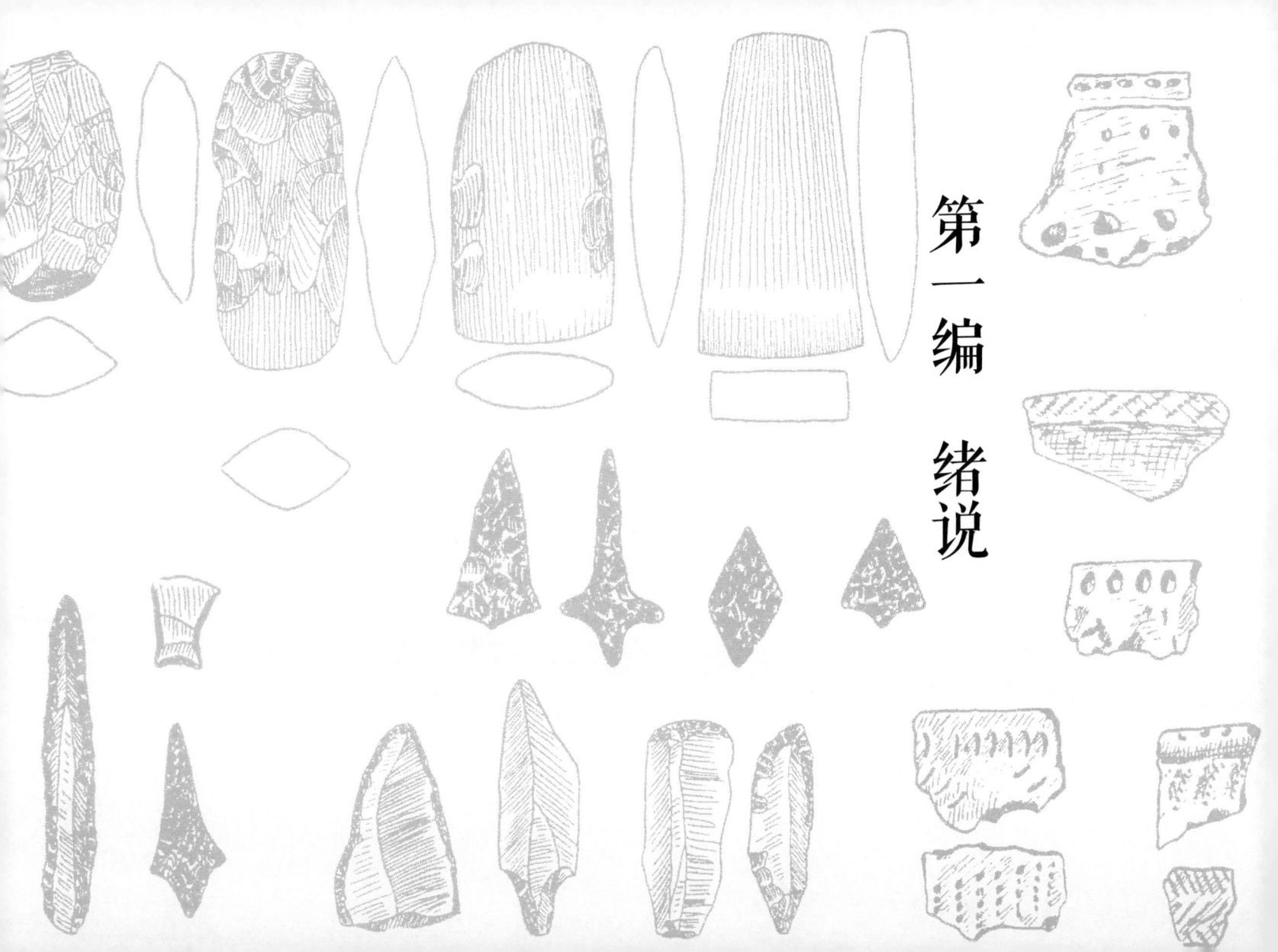

- 历史
  - (一) 意义——人类生存于社会上，既不能离群独居，同时为要求生存，必得有种种活动，如政治、经济、社会、教育等。所谓历史，就是记载人类这种种社会活动；所谓本国史，就是记载本国人类这种种社会活动。
  - (二) 材料
    - 1. 实物的遗迹——碑碣和制造物等。
    - 2. 心理的程式——各种记载的事实。
  - (三) 分期
    - 1. 史前时代
      - (1) 意义——近代史家，在无文字、无历史的太古人类，从地层中探寻，拟定其进化次序，叫作史前时代。
      - (2) 时期
        - 甲、石器时代
          - 旧石器时代。
          - 新石器时代。
        - 乙、铜器时代
        - 丙、铁器时代
    - 2. 有史时代
      - (1) 上古史——秦以前。
      - (2) 中古史——自秦至明末。
      - (3) 近世史——清至清末。
      - (4) 现代史——清末至现在。

第二编 上古史

第一章　上古之神话和传说

- 神话
  - 盘古氏——盘古生天地中，天日高一丈，地日厚一丈，盘古日长一丈，如此者万八千岁。
  - 三皇
    - 天皇氏
      - 兄弟十二人。
      - 各一万八千岁。
    - 地皇氏
      - 兄弟十一人。
      - 各一万八千岁。
    - 人皇氏
      - 兄弟九人。
      - 凡一百五十世，合四万五千六百年。

- 传说
  - （一）有巢氏——构木为巢，人遂有比较安全的居处。
  - （二）燧人氏——教人用火，人才有熟食。
  - （三）五帝
    - 伏羲氏
      1. 制作网罟，教民佃渔。
      2. 豢养牺牲，以充庖厨，才知牧畜的利益。
      3. 以俪皮为礼，遂定嫁娶之法。
      4. 画八卦，为文字之源。
    - 神农氏
      1. 教民耕种，为农业之起源。
      2. 尝百草，定医药之方法。
      3. 日中为市，为商业之起源。

传说 —（三）五帝
- 黄帝
  1. 国家的建立——先败炎帝神农氏之后于阪泉，后又败蚩尤于涿鹿，各部落的酋长遂拥戴黄帝为共主，从此确立了国家的规模。
  2. 羁縻诸侯——乘战胜的余威，大会诸侯于釜山，对合符信，各部落此后都受他的约束，这为封建的雏形。
  3. 土地公有——后世井田制的雏形。
  4. 制造器具——（1）命仓颉造字；（2）命大挠作甲子；（3）命容成作天球仪，作历书；（4）命隶首定算数；（5）命伶伦作律吕；（6）命宁封为陶正，赤将为木正，制器物；（7）挥作弓，夷牟作矢；（8）共鼓、化狐作舟楫，邑夷作车；（9）黄帝妃嫘祖教民蚕；（10）作衣裳冕旒；（11）和歧伯作医书（《内经》）。

- 唐尧
  1. 黄帝后四传到帝挚，因诸侯不服，尧便代而为帝，建都平阳，为之唐尧。
  2. 尧因有洪水，又有苗民作乱，因舜有才德，将帝位让舜。

- 虞舜
  1. 舜的国号为虞，建都蒲阪。
  2. 平定苗乱。
  3. 令禹治洪水，益开山泽，弃（后稷）主持农事，垂造器用，遂确立农业社会的基础。
  4. 命契制定"父义、母慈、兄友、弟恭、子孝五大教条"，为中国有教育之始。
  5. 命皋陶定墨、劓、刖、宫、大辟五刑，为中国有法律之始。

第二章　夏商之兴亡

洪水
- （一）时间——女娲氏时，已有用芦灰止洪水之说。到了唐尧，洪水泛滥，为民大害。
- （二）灾情
  1. 五谷不登，禽兽逼人。
  2. 民无定所。
- （三）鲧之治水
  1. 筑堤防御。
  2. 经营九年，一无成绩。
- （四）禹之治水
  1. 先和益及后稷调查测量。
  2. 疏通北方之水，皆使入黄河；疏通南方之水，皆使入长江。
  3. 于河则凿龙门、吕梁、底柱，于淮则凿荆山，于江则凿巫峡。
  4. 水皆由地中行。

禹之政绩
- （一）勤俭
  - 菲饮食而致孝乎鬼神。
  - 恶衣服而致美于黻冕。
  - 卑宫室而尽力乎沟洫。
- （二）分中国为九州（冀、兖、青、徐、扬、荆、豫、梁、雍）。

君位
- （一）禅让——尧传舜，舜传禹——传贤——公天下。
- （二）世袭——禹亦欲传贤人益，但未成功。禹死，国人公推启，所以传其子启——传子——家天下。
- （三）革命——商汤因桀无道，放桀而代之为王；周武王亦因纣无道，将纣灭掉。后人称商汤、周武为革命，因其俱为贵族，也叫作贵族革命。

夏史大概
- （一）君主——禹有天下后，国号曰夏，传其子启；至太康时，为后羿所篡，国遂中断；到少康以兵收复，夏遂中兴；传至桀癸，因暴虐无道，为汤所放，夏遂亡，共四百余年。
- （二）京都——安邑，现在的山西运城市。史书记载夏朝都城屡经改迁，其他还有斟鄩（今属河南偃师市）、阳城（今属河南登封市）等。
- （三）政教——夏时农业已发达，政治果然注重农事，就是教育宗旨，也特别着重在忠（尽力）。

商史大概
- （一）君主——汤因夏桀昏乱，用伊尹为相，号召诸侯赶走夏桀，遂即帝位，国号曰商；传至纣，也因无道，为周武王所灭，共六百余年。
- （二）京都——亳，现在的河南商丘市。商朝的迁都，据《史记》所说，共有八次，因盘庚时迁都于殷（今属河南安阳市），所以商朝也可称殷朝。
- （三）政教——商的立国，游牧比农事发达，生活无常，所以特别信鬼，教育宗旨，也就着重在敬。

商之文化
- 来源——古史所载，是否正确，无从证明。自殷墟发现商代的甲骨刻文，观其记载，便知其文化。
- 事实
  - 1. 商代已用金属。
  - 2. 商人喜打猎。
  - 3. 已有桑麻和蔬菜。
  - 4. 村邑已构成。
  - 5. 盛用奴隶。
  - 6. 已有各种骨、角、贝、玉等玩器。
  - 7. 有贝币和铜币。

第三章　周之建国及政教

周代著名之王
- （一）武王——姓姬名发，率诸侯灭纣，遂有天下，国号曰周，建都镐京。
- （二）成王、康王——天下最太平，史称成康之治。
- （三）厉王——因暴虐无道，国人把厉王赶掉，由周定公、召穆公出来，共同行政，号曰共和。这一年在公元前八四一年，从此年起，直到现在，历史年分，都毫无错误。
- （四）宣王——曾北伐狁，南征荆蛮；又平淮夷、徐戎，周又中兴。
- （五）幽王——因宠褒氏，申后父申侯引了犬戎，杀幽王于骊山之下，这为引少数民族以乱中国的第一次，西周遂亡。
- （六）平王——幽王子平王，避难东迁洛邑，是为东周。
- （七）赧王——周亡。

封建制度 {
- （一）起源——封建制度，起于黄帝建立万国，到周代才明确规定。
- （二）原因——武王既因诸侯的力，灭纣代商，又欲统一天下，传世久远，遂用封建制度来应付。
- （三）所封的人——除旧诸侯外，1. 帝王之后，像夏的后代封于杞；2. 功臣，像姜尚封于齐；3. 同姓，像周公旦封于鲁，并且同姓受封的特别多。
- （四）制度 {
  - 1. 等级——分公、侯、伯、子、男五等，最低级的称为附庸。
  - 2. 土地——公、侯百里，伯七十里，子、男五十里，附庸不足五十里。
  - 3. 兵制——天子六军，大国三军，伯国二军，小国仅一军。
  - 4. 卿相——大国三卿，其二卿为天子所任命，中国二卿，小国一卿，都诸侯自己所任命。
  - 5. 分布——功臣子弟，散布在旧诸侯和夷狄之间，使互相牵制。
}
- （五）考查——诸侯每年必到京一次，报告行政，叫作述职；天子也常到各国巡查，叫作巡狩（参看第五编第二章）。
}

宗法 {
　(一) 目的——以宗法团结同姓，婚姻团结异性（功臣都和周结婚姻）。
　(二) 制度 {
　　1. 大宗——嫡长子世袭为大宗，有恤族之义务，其祖庙百世不迁。
　　2. 小宗——庶子俱为小宗，祖庙五世一迁，仍归入大宗。
　}
　(三) 姓氏——天子、诸侯为大宗，都有姓（姬姓，姜姓）；诸侯的次子以下为大夫，皆有氏（孔氏、孟氏），为小宗。
}

井田 {
　(一) 名称——平原肥沃之地，划作九区，中为公田，八家为私田，形如井字，故名井田。
　(二) 制度 {
　　1. 可以行井田处——仿殷的助法（殷只七十亩，周有百亩），每人种百亩，八家再合种公田百亩。
　　2. 不可以行井田处——仿夏的贡法（夏只五十亩），每人种田百亩，出十亩租税。
　}
　(三) 授受——人民二十岁受田，六十还田（参看第五编第四章）。
}

礼治 {
　(一) 目的——适应当时社会情形，以维持封建的政治组织。
　(二) 等级——凡五种，天子、诸侯、大夫、士为贵族，庶人为平民。
　(三) 礼制——祭祀法叫吉礼，丧葬等叫凶礼，兴师动众的事叫军礼，相见等礼叫宾礼，加冠和婚娶叫嘉礼，称为五礼。
　(四) 办法——用五礼的繁简，分别贵贱等级。僭越礼制的人，即不为国家所制裁，亦为社会所指摘。
}

第四章　春秋与战国

春秋时代 ┤
　(一) 名称——孔子因鲁史而作《春秋》，历时凡二百四十二年，后人称为春秋时代。

　(二) 五霸
　　1. 齐桓、晋文——俱用"尊王攘夷"的名义，号召诸侯，战败楚国，遂做中原诸侯的领袖，号为霸王。
　　2. 宋襄——势甚弱。
　　3. 楚庄——代晋而兴，问鼎轻重，几欲代周。
　　4. 秦穆——霸于西戎。

　(三) 吴越
　　1. 吴——吴王夫差，败越以后，和中原诸侯争霸。
　　2. 越——勾践为夫差所败，用了范蠡、文种，十年生聚、十年教训，遂灭吴国，进贡周朝，称为霸者。勾践的子孙，为楚所灭。

　(四) 强国——周武王时，诸侯有一千八百国；到了春秋，诸侯兼并结果，只有一百七十余国。除称霸者外，其中以郑（初强，后稍替）、鲁（为文化中心）、宋（商后）、陈、卫为较强。

战国时代
- （一）名称——春秋以后，七国混战的事实，多在《战国策》中，这时代叫作战国时代。
- （二）七雄
  - 秦——在西，势最强。
  - 六国——在东，计韩、赵、魏（本为晋大夫，后分晋成三国）、齐（已为田氏）、燕、楚。
- （三）合纵
  - 主持者——苏秦。
  - 方法——联合六国，一同抗秦。
  - 功效——秦兵不敢东出。
- （四）连横
  - 主持者——张仪。
  - 方法——劝诱六国，和秦通好。
  - 功效——六国的团结力分散，秦又蚕食东方。
- （五）四公子——齐孟尝君（田文）、赵平原君（赵胜）、魏信陵君（魏无忌）、楚春申君（黄歇）。

周末社会组织之摇动 {
 （一）阶级制度之崩溃——诸侯兼并的结果，天子失其威权，大夫、士因握兵权，诸侯亦失势，所以僭越者多。原来的阶级制度，因以崩溃。
 （二）农村经济之崩溃——国多灭亡，关禁自少，工商业遂日盛，农村自治之经济亦因以崩溃。
 （三）游士日盛——阶级制度既崩溃，分田制度也随之而崩溃，平民之有智勇才辩的，为人主所尊重，游士遂日盛。
}

周末学术思想之勃兴 {
 （一）原因 {
  1. 学术的蓄积——周公集唐、虞、夏、商的文化，推行于各地，至此时，文化遂成多元的发展。
  2. 教育的解放——自王官失守，私家讲学者多，教育遂普遍于平民。
  3. 礼教的反响——阶级制度既难维持，人民遂起强烈反响，从事于改革。
 }
 （二）派别 —— 1. 儒家 {
  （1）首领——孔丘，字仲尼，曾为鲁司寇。
  （2）主张——维持礼教，实现小康之政，然后达到天下为公的大同世界。
  （3）分派 {
   孟轲——主性善，言人受礼教极易。
   荀卿——主性恶，明人非礼教不可。
  }
 }
}

周末学术思想之勃兴
- (二) 派别
  - 2. 道家
    - (1) 首领——李耳，字聃，曾为周守藏室的史官。
    - (2) 主张——反对礼教，主张无为而顺应自然。
    - (3) 支派——庄周，主张绝圣弃智、剖斗折衡。
  - 3. 墨家
    - (1) 首领——墨翟。
    - (2) 主张——以实利主义作出发点，所以反对礼、乐、战争、奢侈，主张兼爱、非攻、刻苦、节用。
    - (3) 支派
      - 宋钘——非攻，寝兵，想消灭人类斗争心。
      - 尹文——除兼爱外，主张万事都以法律为准则。
  - 4. 法家
    - (1) 首领——韩非，曾受学于荀卿。
    - (2) 主张——人民完全听命于君主，君主拿法律为准则。
    - (3) 来源——由儒家的礼治，变而成极端的法治。
  - 5. 其他——阴阳家的邹衍，纵横家的苏秦、张仪，名家的公孙龙等，都为人所推崇。
- (三) 结果——中国思想界的黄金时代。

第三编 中古史

第一章　秦之兴亡

秦灭六国 {
　原因 {
　　1. 商鞅变法——秦本偏于西方，国不甚强，自孝公用商鞅，国遂富强。
　　2. 张仪连横——破苏秦合纵之策，减少反抗力。
　　3. 范雎远交近攻——秦益得蚕食诸侯。
　　4. 李斯威胁利诱——六国本多才俊，李斯啗以金钱，使为秦用，不从即遣人刺死，六国遂少才俊。
　}
　事实 {
　　1. 先灭韩、赵。
　　2. 次灭魏、楚。
　　3. 北灭燕。
　　4. 东灭齐。
　}
　结果——中国境内真正统一之始。
}

秦始皇的政策
- 对内
  1. 国都——咸阳。
  2. 除谥法——死后免人褒贬，自称始皇帝，欲二世三世，以传至万世。
  3. 集中政权
     - （1）中央
       - 丞相——处理全国民政。
       - 太尉——助理全国军政。
       - 御史大夫——掌理监察。
     - （2）地方
       - 甲、废除封建，分全国为四十郡，以县为郡组织的单位。
       - 乙、每县有县长（民政）、县尉（军政），郡也设郡守、郡尉，管理全郡的民政、军政。别设监察御史，监察官吏。
       - 丙、中央和地方长官，都由皇帝任命，为后世君主专制政治立下规模。
  4. 统一法度。
  5. 统一度量衡。
  6. 统一文字——令李斯作小篆，程邈作隶书，不能像六国时文字异形。
  7. 统一思想——令学者以吏为师，除秦法外，不准谈诗书。
  8. 开驰道——交通发达。
- 对外
  1. 南——平百越，移民开发南方。
  2. 北
     - （1）伐匈奴——夺回河套等地方。
     - （2）筑长城——西起临洮，东到辽东，长三四千里。
  3. 疆域——统治力所及，已达后世所称为中国大部分地区，为中国疆域确定之始。

秦之灭亡 {
- 原因 {
  1. 士大夫之不满——一派是六国遗臣，像张良、项梁等，想恢复故国；一派是知识阶级，像孔鲋等，恨始皇焚书坑儒。
  2. 平民之不满——始皇时，外有征伐，内则开驰道，造阿房宫，收兵器以铸金人，又好神仙，民已困苦，二世更大兴土木，愈加暴虐。
  3. 内乱——赵高杀二世，子婴又杀赵高，遂去帝称秦王。
- 事实 {
  1. 陈胜发难——陈胜和吴广，首先发难，六国遗臣及郡县豪强，都响应反秦。
  2. 项羽巨鹿之胜——秦将章邯，打败陈胜、项梁以后，正围赵之巨鹿，项羽破釜沉舟，大败章邯，秦兵势遂衰。
  3. 刘邦进咸阳——刘邦从间道，打破函谷关，子婴投降，后项羽也入关，杀子婴，秦亡。

第二章　西汉之兴亡

刘邦之统一
- （一）鸿门之会——刘邦虽先入关，因项羽势强，要消灭刘邦。幸项伯从中疏通，邦乃拜见羽于鸿门，才得封于汉中。
- （二）定三秦——邦乘项羽有战事，令韩信为将，将函谷关内的地方，收为己有。
- （三）收复齐、赵——令韩信另率一军，先灭赵国，后平齐国。
- （四）垓下之役——邦与羽战，经过五年，才围项羽于垓下，羽至乌江自刎。
- （五）邦即帝位——定都长安，国号曰汉，后人称为汉高祖。

汉著名之帝皇
- 高帝
  - 1. 杀功臣——高帝赖诸将的力，遂有天下，不得不封为诸侯；后恐其为害，像韩信等，多被高祖所灭。
  - 2. 立制度——高帝本无改革思想，其令叔孙通定朝仪，不过显出皇帝尊贵；其所以省秦法，祀孔子，时免赋役，不过鉴秦的覆亡，由于奢侈横暴、焚书坑儒。
- 吕后——高帝死后，惠帝不久也死，吕后便专政。
- 文景——文帝时虽有匈奴扰边，景帝时虽有七国之乱，但能令民休养，人口财产，生殖繁盛，所以后人比之周的成康。
- 武帝
  - 对内——一面用董仲舒计划，专尊儒术，罢黜百家；一面又好神仙，任用方士，大兴土木。此外考试制（下诏举贤良方正）、学校都从武帝时兴起。
  - 对外——令卫青、霍去病大破匈奴，用张骞通西域，又经营西南夷，汉族威名，由此远播。
- 宣帝——综核名实，信赏必罚，对于地方官吏，谨慎选择，所以吏治颇清明。他自说是杂霸（秦之霸道）王（周之王道）道行之。

西汉外戚之祸 {
　高帝——起兵时，吕后颇有力，遂揽权；及高帝、惠帝相继去世，吕后遂专政，封其母家，几危刘氏。

　文景——群臣的迎立文帝，因其母族本无势力，所以文、景两帝时，并无外戚之祸。

　武帝——帝死时，令霍光为大司马、大将军，以辅幼主，丞相遂无权。光又嫁其女为宣帝后，外戚颇得势。虽光死后，家族即为宣帝所诛灭，可是大司马、大将军，常为外戚专官。

　成帝——元帝后为王氏，到成帝时，王凤等相继为大司马；到了平帝时，王莽竟杀平帝，不久遂篡帝位，西汉亡。
}

新莽
- （一）篡位的手段
  - 1. 初则谦恭下士，以收人望。
  - 2. 待歌功颂德者，多至四十八万人，便假托符命，代汉有天下。
- （二）国号——定国号曰新。
- （三）改革
  - 1. 动机——社会上贫富不均，富者田连阡陌，贫者无立锥之地。
  - 2. 制度
    - （1）官制用唐虞——将汉的官名，尽行改革。
    - （2）行井田——名天下田为王田，奴婢曰私属。
    - （3）仿周礼——设"五均"以平物价，"司市"以定物价，"泉府"以轻利贷民。
  - 3. 结果——政令无常，币制屡换，致农商失业，天下大乱。
- （四）亡国——在位十八年，为市民所杀。

第三章　东汉之兴亡

光武
- 姓名——刘秀。
- 起兵——刘秀本在刘玄部下，因昆阳一战，秀将王莽将王寻打败，声威遂大振。
- 称帝——刘玄被赤眉所杀，王莽又死，秀遂称帝，建都洛阳，因洛阳在长安之东，所以前汉叫作西汉，后汉亦叫作东汉。

表彰气节
1. 原因——文人像扬雄，宗室像刘歆，都附王莽，不知气节。
2. 方法——将不附莽之卓茂，令做太傅；为莽逼死之谯玄，祭以中牢；又像严光、周党等，不肯出仕，便加以优礼。
3. 影响——从此东汉士风，多重名节、尚礼教，竟成一种风俗。

东汉的治乱
- （一）治——光武生长民间，又通儒术，政治因之清明；明帝、章帝又能谨守成法，这三帝称为东汉的治世。
- （二）乱
  - 1. 外戚和宦官
    - （1）外戚之弄权——光武虽防外戚弄权，但外戚接近帝王，又有戚谊，容易得势，而且后汉多幼帝，太后听政，不得不用其兄弟，因此多擅权。
    - （2）宦官之弄权——朝士已多外戚羽翼，皇帝欲除外戚，不得不谋诸接近之宦官，宦官遂得擅权，像和帝的杀窦宪、安帝的杀邓骘、顺帝的杀阎氏、桓帝的杀梁冀，都假手宦官。
    - （3）宦官和外戚的决斗——桓帝后之父窦武，本外戚中的优良者，想除宦官，反为宦官所杀。后来外戚何进，想用董卓的外兵，以除宦官，亦为所杀。何进的下属袁绍，虽尽杀宦官，但董卓已入京，武人遂代宦官而为祸。
  - 2. 党祸
    - （1）起源——光武表彰气节后，士多批评人物，议论朝政，无形中成了党派。
    - （2）第一次党祸——宦官多贪横，其宾客子弟，又到处欺凌人民，有风力的地方官，加以收杀，因此宦官蒙蔽桓帝，谓为讪谤，遂大捕党人，禁锢终身。
    - （3）第二次党祸——窦武本和党人谋除宦官，窦武被杀，遂令帝大捕党人，多下狱拷死。
    - （4）消灭——第一次因审问党人，词连宦官，宦官遂但令禁锢终身；第二次因黄巾大起，恐党人与之勾结，才赦免党人。

第四章　两汉对于域外之经营

第一节　北方

匈奴
- （一）来源——就是古代的獯鬻、猃狁。
- （二）极盛时代
  - 1. 原因——秦始皇曾败匈奴，但楚汉相争，势复盛。
  - 2. 事实——冒顿单于奄有大漠的南北，东败东胡，西服西域。
  - 3. 和亲——汉高帝被匈奴围于白登，出围后，把公主嫁与单于，这是汉族与少数民族和亲的开始。
- （三）中衰时期
  - 1. 汉武帝——令卫青、霍去病大败匈奴，赶走匈奴到大漠以北，汉族名声，从此远振。
  - 2. 汉宣帝——匈奴分为南北，南单于来朝，叫他仍住漠南。
  - 3. 汉元帝——陈汤斩北匈奴郅支单于首，南单于更加帖服。
- （四）再衰时代
  - 1. 原因——王莽篡位，匈奴又叛变。
  - 2. 后汉——匈奴又分南北，汉兵大破北匈奴，残众远走里海地方，南匈奴渐移居内地。

东胡 {
(一)部落——分鲜卑、乌桓两部落。
(二)鲜卑——汉赶走北匈奴,鲜卑便移住漠北,到檀石槐尽据匈奴故地,时来寇边。
(三)乌桓——强于漠南。
(四)曹操——大破鲜卑、乌桓。
}

第二节 西方

通西域 {
(一)动机——利用西域的力量,牵制匈奴。
(二)阻碍——匈奴和西羌,常留住汉使,所以张骞等初通西域很难。
(三)方法 {
1. 恩——以金帛赐各国,又以公主嫁乌孙王。
2. 威——前汉曾以兵降大宛,东汉班超以兵平定西域。
}
(四)影响——汉和西域的文化,彼此相通;且到汉灵帝时,大秦王遣使泛海入贡,为东西交通的开端。
}

印度 {
- （一）名称——身毒、天竺、印度都是音的转变，其实仍是一名。
- （二）关系——张骞通西域时，已知有身毒国。
- （三）交通——大月氏盛时，势力直达印度，遂奉佛教；后为班超所败，但佛经和僧侣，已由大月氏来中国。
}

西羌 {
- （一）地点——在甘肃西南和青海、西藏等地。
- （二）平定——西汉时赵充国用兵平定之，王莽时又乱，东汉段颎平定之。
- （三）影响——东汉平定西羌，用兵费至四十四万，因此国力疲乏，日行衰落。
}

第三节　东方

朝鲜 {
- （一）来源——周武王封箕子于朝鲜，传到汉初，为燕人卫满所逐，汉许其自立。
- （二）叛变——满孙右渠，阻止其旁的小国朝汉，又掠汉边，武帝遣将攻之，朝鲜人杀右渠降。
- （三）置郡——汉遂置玄菟、乐浪、临屯、真番四郡，领有现在朝鲜半岛的大半。
}

三韩 {
- （一）地点——汉所领四郡以南，有数十小国，总称三韩，其君长俱朝贡汉朝。
- （二）马韩——为箕氏后裔，统五十四国，内有百济国。
- （三）辰韩——亦称秦韩，因秦民移植其地而称，凡十二国，内有新罗国。
- （四）弁韩——统十二国。
}

日本 ┃ （一）地点——在三韩以南的海中。
　　 ┃ （二）部落 ┃ 1. 总数——分为一百多的部落。
　　 ┃　　　　　　┃ 2. 分布 ┃ 西部的九州岛，为熊袭所据，中史称为狗奴国。
　　 ┃　　　　　　┃　　　　　┃ 东部一带，为虾夷所占据，中史称为毛民。
　　 ┃　　　　　　┃　　　　　┃ 中部和西部的一隅，为倭人分据。
　　 ┃ （三）交往——常朝中国，所以汉族文化多输入日本。汉光武亦因其恭顺，封倭人一部落为倭奴国王。

第四节　南方

百越 ┃ （一）原由——秦平百越，已置郡县，汉与各部落又分据。
　　 ┃ （二）部落 ┃ 1. 东瓯——在浙江的温州，因闽越为害，自请内徙于江淮间。
　　 ┃　　　　　　┃ 2. 闽越——在今之福建，常击东瓯，遂灭之。
　　 ┃　　　　　　┃ 3. 南越——其王赵佗，本秦戍将，汉高封为王；到武帝时，因生内乱，为汉所平。
　　 ┃ （三）结果——自浙之温州，到福建、两广、安南，都为汉族所有。

滇和夜郎 { (一) 原因——汉武帝想和印度交通，因不善航海，乃通西南夷。
(二) 方法——一方向蜀西进，一方向蜀南行。汉使所到，各部落都降，滇和夜郎亦归服。
(三) 结果——四川的西南和云南、贵州的一部分，都为汉族所有。

第五节　交通

陆路 {
(一) 中心点——首推敦煌，现在的甘肃敦煌市。
(二) 西汉 { 1. 使者——首推张骞。
2. 到达地——远至今里海及波斯、叙利亚等地。
(三) 东汉 { 1. 使者——班超平定西域后，使甘英通大秦（罗马）。
2. 到达地——甘英到了波斯湾，因安息要垄断丝帛贸易，所以阻止甘英，致其不能达大秦。

水路 {
(一) 中心点——首推徐闻（广东徐闻县）、合浦（广西合浦县）。
(二) 西汉 { 1. 汉武帝平朝鲜，间接和日本来往。
2. 汉武帝曾使人到黄支国，是和印度已往来。
(三) 东汉 { 1. 光武封日本为倭奴国王，是直接交通。
2. 桓帝时大秦王安敦来朝贡，是欧洲也相往来。

第五章　两汉之学术

经书 ⎰ （一）原因——秦因革新政治而速亡；汉欲收拾人心，遂尊重儒术。

（二）事实 ⎰ 1. 惠帝除挟书的禁令。
　　　　　2. 文帝广求遗书。
　　　　　3. 武帝特罢黜百家，尊崇儒术，五经特设博士。

（三）分派 ⎰ 1. 今文家——凡为口传，而用汉之隶书所写定的书，叫作今文家，像伏生《今文尚书》是。
　　　　　2. 古文家——鲁共王坏孔庙壁，得所藏书，系史籀的大篆所写定，叫作古文家。
　　　　　3. 通学派——郑康成等不问今古文，只择义理圆满者，取以教人，叫作通学派。

谶纬 ⎰ （一）原因——世主多好神仙，儒生遂附会经义，讲阴阳灾异。
　　　（二）意义——谶是假托隐语，来预决吉凶；纬是依托经义，来说灾祥的。
　　　（三）影响——郑康成为一代通儒，也注纬书；光武更因赤伏符之说称帝。

第六章　三国至南北朝的政局

群雄割据 ┤
（一）原因——汉末黄巾起后，州郡不能平，所以将州刺史改为州牧，予以兵权，以资镇摄；但从此外权过重，形成分裂。
（二）事实——袁绍据幽、并等四州，刘备据徐州，刘表据荆州，刘焉据益州，袁术据寿春，马腾、韩遂据凉州。

三国鼎立 ┤
（一）成因——因赤壁一战，三国鼎立的局面遂成就。
（二）魏——曹操迎汉献帝于许昌，假着天子的号令，平定黄河南北各地，南下经营，战于赤壁，被孙权、刘备所败，只得北归。子丕逼献帝让位，建都于邺，国号魏。
（三）蜀——刘备乘赤壁战胜，攻下荆州，后复得巴蜀、汉中，而荆州为吴所夺，闻曹丕称帝，亦称帝于成都，建国曰汉，史称蜀汉。
（四）吴——孙权保有江东，建都建业，国号曰吴，称吴大帝。

晋之统一 {
- （一）蜀亡——刘备死，子禅立，诸葛亮为相，与吴复和好，屡伐魏，不能逞。亮死后，蜀就此不振。魏将邓艾奉司马昭之命，伐蜀，从阴平猝攻成都，禅降，蜀汉遂亡。
- （二）魏亡——魏废帝时，大权已入司马懿之手，其子师、昭又有才，能继父业。至昭子炎便篡帝位，国号晋，都洛阳，是为晋武帝，魏遂亡。
- （三）吴亡——孙权死后，吴多内乱，外恃陆抗，维持现状。抗死，晋将杜预、王濬来攻吴，王濬先到，孙皓降，吴遂亡。

晋武帝政策 {
- 封建 {
  - 原因——鉴于魏的孤立而速亡，遂大封宗室，兵权极重。
  - 影响——酿成八王之乱。
- 罢州郡兵 {
  - 原因——汉末州郡擅兵，形成割据，晋武帝遂罢州郡之兵。
  - 影响——五胡乱起，无力平乱。

八王之乱
- 原因——惠帝昏愚，贾后凶狠，又欲专政。
- 事实
  1. 贾后既杀太后父杨骏，又杀太后，令汝南王亮辅政。
  2. 贾后又使楚王玮杀亮，随以矫诏罪杀玮，遂专政。
  3. 赵王伦举兵杀贾后，废帝自立。
  4. 齐王冏、成都王颖、河间王颙举兵杀伦，复立惠帝，冏留辅政。
  5. 颙使长沙王乂杀冏。
  6. 颙和颖合兵攻乂，东海王越杀乂。
  7. 颙、颖、越更治兵相攻，连年不解，颖、颙先后被人所杀。
  8. 惠帝中毒死，怀帝立，越辅政，败死于石勒。
- 影响——内争不已，酿成五胡乱华的局面。

少数民族杂居内地的分配
- 匈奴——南单于降汉后，自是杂居于山西等地。
- 鲜卑——曹操破乌桓、鲜卑后，分据辽河东西，其秃发部则徙居于凉、秦等地。
- 羌——汉平羌乱，屡次将其众徙居内地。
- 氐——和羌同种，亦同徙于陕西、甘肃等地。

五胡十六国
- 匈奴——刘渊的汉，刘曜的前赵，沮渠蒙逊的北凉，赫连勃勃的大夏。
- 羯——石勒的后赵。
- 鲜卑——慕容皝的前燕，慕容垂的后燕，乞伏国仁的西秦，秃发乌孤的南凉，慕容德的南燕。
- 氐——符健的前秦，吕光的后凉，李雄的成汉。
- 羌——姚弋仲的后秦。
- 汉——张轨的前凉，李暠的西凉，冯跋的北燕。

西晋之亡
- （一）刘渊本匈奴种，自命为汉之外孙，遂姓刘；初属成都王颖，后背颖自帝于平阳。
- （二）渊子聪破洛阳，掳怀帝北去。
- （三）愍帝迁都于长安，又被渊侄曜掳去，后被杀，西晋遂亡。

东晋的概况 {
- （一）东晋之成立——琅琊王司马睿时守建康，闻愍帝北掳，便即帝位，是为晋元帝。
- （二）东晋之名称——因建都建康，在旧都洛阳之东，史因之称为东晋，称以前的为西晋。
- （三）对于北方的态度——始终持抵抗态度：1.石勒来结好，焚其币；2.苻坚入寇，败其兵；3.桓温灭蜀，刘裕灭南燕、后秦，都可证明。
- （四）内乱——君弱臣强，方镇执权，往往举兵内犯，王敦、苏峻、祖约的举兵，桓温的废立，刘裕的篡位，可以证明。
}

淝水之战 {
- （一）原因——苻坚自用王猛，内政修明，国力甚盛。迨猛死，坚又灭前凉等，北方既统一，遂欲统一中国，起兵伐晋。
- （二）秦之兵力——共八十万，但兵心不一，氐族多不愿战。
- （三）晋之兵力——兵数少，但北府兵素善战，刘牢之又为名将。
- （四）战绩——淝水一战，坚所领之军，为谢玄、谢石等所败，全军尽没。
- （五）影响 {
  - 北方——又分裂为诸小国。
  - 南方——得此次战胜，遂能南北对峙，直至陈亡。
  }
}

南朝沿革 {
- （一）概况——东晋屡谋北伐，兵权落入镇将之手，刘裕即以镇将，代晋而为宋，历齐、梁、陈都由镇将而成帝王。
- （二）宋 {
  - 兴——兴于武帝（刘裕），亡于顺帝（刘準）。
  - 名君——文帝元嘉之政，见称于史。因兵弱而淮北并于魏。
  }
- （三）齐——兴于高帝（萧道成），亡于和帝。
- （四）梁 {
  - 兴——兴于武帝（萧衍），初能励精图治，国内太平；后纳魏降将侯景，景反，饿死台城。
  - 亡——亡于敬帝。
  }
- （五）陈 {
  - 兴亡——兴于武帝（陈霸先），亡于后主。
  - 疆域——最小，只有江东一角。
  }
}

北魏的兴亡
- （一）道武帝——姓拓跋，名珪，初称代王，后改国号为魏，称帝于平城。
- （二）太武帝——名焘，灭北燕、北凉，灭夏。
- （三）孝文帝
  - 政绩——迁都洛阳，改族姓（拓跋改为元），与汉族通婚，鲜卑和汉族遂同化。
  - 乱源——从此习俗浮靡，武事渐废，乱源又起。
- （四）尔朱氏之乱
  - 1. 太后杀孝明帝，尔朱荣起兵杀太后，立孝庄帝。
  - 2. 孝庄帝以荣擅权，诱而杀之，然帝亦为尔朱兆所杀。
  - 3. 高欢伐尔朱氏，尔朱氏不久亡，遂立孝武帝。
- （五）分裂
  - 1. 东魏——孝武帝恐为欢所害，逃依宇文泰，欢又立孝静帝于洛阳，是谓东魏。
  - 2. 西魏——孝武帝在关中仍称帝，是谓西魏。
- （六）灭亡
  - 1. 东魏——为高欢子高洋所篡，便是北齐。
  - 2. 西魏——为宇文泰子宇文觉所篡，便是北周。

北朝沿革表——北魏
- 东魏——北齐。
- 西魏——北周——隋。

五胡之乱的利害
1. 害——中土人民，受残杀屠掠的浩劫。
2. 利——五胡为汉族所同化，汉族遂除腐败积习，而有新生气，开唐代文化政治上的新光辉。

第七章　魏晋至南北朝的文化

清谈
- （一）原因
  - 1. 后汉的学者，像王充、王符等，已排斥儒教的虚妄言。
  - 2. 曹操下令，征求"不仁不孝而有治国用兵之术"的人才，打破汉末"重视气节，谨守礼法"的士风。
  - 3. 儒教最崇拜的禅让，魏晋假之以篡夺，更加表明儒教的虚伪，而趋向老庄虚无之说。
- （二）意义——鄙弃一切世务俗事，专讲究玄理空谈。
- （三）事实
  - 1. 著书——王弼注《周易》《老子》，郭象著《庄子》，张湛且伪造《列子》，为玄学张大声势。
  - 2. 言论——嵇康非汤、武，薄周、孔，鲍敬言主张无君。
  - 3. 行为——阮籍、刘伶等毁弃一切礼法，纵酒佯狂，散发箕踞。
- （四）影响——士大夫既崇尚虚无，不讲实际，遂有晋末五胡之乱。

士族
- （一）原因
  - 1. 因以九品中正的法用人，望族易于求官，深自矜贵。
  - 2. 因五胡乱华，士大夫因种族之见，重视民族的区别。
- （二）矜贵
  - 1. 不和庶族通婚姻。
  - 2. 不和庶族同坐而语。
  - 3. 人主亦不能变更庶族为士族。
- （三）著姓
  - 1. 过江为侨姓，像王、谢、袁、萧。
  - 2. 东南为吴姓，像朱、张、顾、陆。
  - 3. 山东为郡姓，像王、崔、李、卢、郑。
  - 4. 关中亦号郡姓，像韦、裴、柳、薛、杜。
  - 5. 代北为虏姓，像元、长孙、宇文、于、陆、源、窦。
- （四）谱牒——因重视氏族，所以谱牒之学遂起，东晋贾弼撰《十八州百十六郡姓氏簿状》，即谱牒第一册。
- （五）流弊
  - 1. 朝代任其改换，门第都不能更换。
  - 2. 人民只知增高门第，国家观念从此薄弱。
- （六）衰歇——唐代行科举，士、庶的阶级渐归于消灭。

西晋的经学 {
- （一）变迁——王弼注《易》，何晏著《论语》，独说义理，和汉儒不同。
- （二）分派 {
  - 1. 南朝——王肃遍注各经，反对郑玄，盛行于南朝。
  - 2. 北朝——仍遵郑玄的注解。
}
- （三）伪书——王肃假造《孔子家语》，梅赜伪造《古文尚书》，和张湛的造《列子》如出一辙，后世仍多尊信。
}

文艺 {
- （一）诗 {
  - 五言诗——起于西汉（起于李陵、苏武的说不可信），到魏晋时，像曹植、阮籍都有名著，陶潜最有名。
  - 七言诗——人言起于汉武帝柏梁台联句诗，亦不足信，魏晋亦有作者。
}
- （二）文 {
  - 骈俪——两汉文极朴质，已多偶句；到了魏晋，大都文辞绮靡，气势薄弱，后世称为六朝文（六朝，指吴、东晋、宋、齐、梁、陈，因俱建都建业）。
  - 名家——陆机、左思、潘岳都有名，王羲之的《兰亭集序》，尤为世所称。
}
- （三）书 {
  - 1. 书法为中国独有的艺术。
  - 2. 南朝尚帖，以钟繇的楷书、王羲之的行草尤著名。
  - 3. 北朝尚碑，楷而兼隶，世称为魏碑，最为后人所喜摹。
}
}

第八章　隋唐之政局

- 隋文帝的统一
  - （一）篡北周——北齐多荒淫之主，为北周所灭；后以帝幼，由外戚杨坚辅政，大杀周宗室，篡周自立，国号隋，都长安，是为隋文帝。
  - （二）灭西梁——侯景乱时，西梁立萧詧于江陵，是谓西梁，至是为文帝所灭。
  - （三）灭陈——后主陈叔宝荒淫不问政事，文帝令将灭之，至此中国遂复统一。

- 隋亡
  - （一）隋末之群雄
    - 1. 原因——隋炀帝外则好大喜功，内则巡幸营造，致民穷财尽，群雄割据。
    - 2. 事实
      - （1）王薄自称知世郎，拥众据长白山，后降唐。
      - （2）窦建德定都乐寿，旋称帝，国号夏，后被唐所灭。
      - （3）白瑜娑起兵于陇右，人称为奴贼。
      - （4）杨玄感举兵反，不久，兵败死。
      - （5）李密据洛口，称魏公，后归唐，失望复叛，被斩死。
  - （二）炀帝被弑——炀帝在江都，见中原已乱，无心北归，宇文化及乘兵士思归，遂弑炀帝。
  - （三）秦王浩被弑——宇文化及又立秦王浩，拥众北归，路中又弑浩，自称许帝，隋亡，化及后被窦建德所杀。

唐之统一 {
- （一）李渊——炀帝令渊为西京留守，因天下大乱，其子世民劝渊起兵，遂破长安，奉代王杨侑为帝，后即自立，是为唐高祖。
- （二）平定北方——李密为王世充所败，密即降唐，世民遂围世充，窦建德来救世充，世民先擒建德，世充旋亦降。
- （三）平定南方 {
    1. 萧铣据江陵，地方最大，后为唐将李靖灭掉。
    2. 杜伏威——江都的陈稜，毗陵的沈法兴，都为李子通所灭，李子通又为杜伏威所灭。伏威降唐，南方遂平定。
  }
- （四）平定朔方——梁师都据朔方，世民平之，天下遂大定。
}

贞观之治 {
- （一）用人——相用房玄龄、杜如晦，励精图治，将有李靖、李勣征抚四方，谏臣有魏征，直言敢谏。
- （二）施政 {
    1. 太宗令五品以上官员，保举堪为县令的人。
    2. 派大员以按察使名义，巡察各地长官的优劣。
  }
- （三）结果——居者夜不闭户，行者有人供给，因太宗年号贞观，史称为贞观之治。
}

- 武韦之乱
  - 武后
    1. 出身——本太宗才人，高宗立，得宠为皇后。
    2. 事实——高宗病，己擅权；及高宗死，废其子中宗，自号则天皇帝，国号周。大杀唐宗室，专任酷吏，恣为淫虐。
    3. 结果——政乱民苦，张柬之等逼武后迎中宗复位。
  - 韦后
    1. 出身——中宗之后。
    2. 事实——擅权势，杀中宗。
    3. 结果——中宗从子隆基诛韦氏，立其父睿宗；后睿宗禅之令为帝，就是唐玄宗。

- 开元之治
  - （一）意义——玄宗年号，初为开元，后为天宝。
  - （二）用人——以姚崇、宋璟为相。
  - （三）事实——玄宗初亦专心国事，所以赋役宽平，刑罚简省。
  - （四）结果——百姓富庶，开元之治，史以谓比美贞观。

安史之乱 {
- 原因 {
  1. 玄宗时，承平日久，府兵制大坏，因募兵充当，称为𪃟骑，是中国募兵制之始。
  2. 玄宗欲控制边陲，沿边设十节度使，令管辖数州，且兼按察使衔，因此兵权、财权、政权，俱在节度使手中，可以为乱。
}
- 事实 {
  安禄山之乱——禄山本胡人，得玄宗的宠信，兼任三节度使，和杨国忠争宠，遂举兵反，陷洛阳，逼长安。玄宗奔蜀，肃宗用郭子仪、李光弼平之；后禄山为子庆绪所杀，史思明又杀庆绪。
  史思明之乱——思明初降唐，后复叛，再陷东京，旋为李光弼所败，思明也被其子朝义所杀，朝义又为部下所杀而降唐。
}
}

藩镇之祸 {
- （一）原因——唐急欲平安史之乱，遂收买其余党，给以地盘，令做节度使，便成割据的局面。
- （二）事实 {
  1. 代宗——魏博节度使田承嗣等辟吏收税，不纳贡赋。
  2. 德宗——藩镇要求世袭，帝不允，即有李希烈、田悦、朱滔、朱泚之乱。
  3. 宪宗——用裴度、李愬等，平定淮西的吴元济、淄青的李师道，藩镇遂遵中央约束，史称宪宗为中兴之主。
  4. 黄巢乱起——藩镇更凶悍，历唐亡而其祸未已。
}
}

宦官之祸 ┬ （一）开始——唐玄宗信用高力士，做到骠骑大将军，这是唐用宦官的第一人。
│
├ （二）事实 ┬ 1. 监军——唐到玄宗后，已无可信用的军队，屡令宦官作监军。
│   ├ 2. 领神策军——藩镇既拥强兵，唐帝也另招军队，叫神策军，派宦官主持，宦官有了兵权，格外凶暴。
│   └ 3. 甘露之变——文宗和宰相李训等谋，诈称甘露降，令宦官往观，欲伏兵杀之，为宦官所觉，反族诛李训等，从此宦官权益重。
│
└ （三）祸害 ┬ 1. 弑君——共二君，一宪宗，一敬宗。
            └ 2. 立君——为宦官所立的唐帝凡七，即穆、文、武、宣、懿、僖、昭。

朋党 ┬ （一）开始——李吉甫为相，牛僧孺对策，痛诋吉甫，吉甫子德裕憾之，此后各结党羽，互相倾轧。
     ├ （二）李排牛——武宗时，德裕为相，甚有才略，整理内治，平定叛镇，大破回鹘，排斥牛僧孺之党。
     ├ （三）牛排李——宣宗时，德裕贬崖州，牛僧孺等复启用。
     └ （四）时间——绵延至四十余年。

唐亡
- （一）外患——南诏侵边，唐兵远戍桂林，久不得代，乃作乱，为官兵所平。
- （二）盗贼
  - 1. 王仙芝——仙芝在山东作乱，黄巢响应，声势浩大。仙芝兵败被杀。
  - 2. 黄巢——巢仍横行江西、闽、粤、江南、湖南等地，且北上入长安，称大齐皇帝。
  - 3. 平乱
    - （1）沙陀部首领李克用，其军都穿黑衣，号鸦军，奉命击巢，巢兵败，被部下所杀。
    - （2）巢的余党有秦宗权、朱温。秦在巢败后，焚掠尤甚；朱则降唐，且平宗权。
- （三）宦官——宦官更强横，囚昭宗，宰相崔胤召朱温进京，大杀宦官。温不久即弑昭宗，篡帝位，唐亡。

第九章　隋唐的武功和交通

第一节　东方

朝鲜
- (一) 概况——隋文帝时，朝鲜半岛上，仅有高丽、百济、新罗三国。
- (二) 高丽
  1. 由来——高丽本为西汉的高句丽县，魏晋时，给毌丘俭、慕容皝等战败，令其谢罪而后已。
  2. 强大——慕容氏入争中原，高丽遂取玄菟、乐浪，迁都平壤。
  3. 炀帝——炀帝东征失败，高丽更骄傲，联合百济，屡侵新罗。
  4. 太宗——太宗亲征，曾破高丽兵十五万，但终无功。
  5. 灭亡——高宗既破百济，又败日本援兵后，令李勣灭高丽。
- (三) 百济
  1. 初兴——百济乘慕容氏入中原，取了带方郡，势力稍大。
  2. 降倭——倭国已强大，百济降于倭国，侵略新罗。
  3. 灭亡——新罗求救于唐，高宗令苏定方，破其都城，百济遂亡。

朝鲜 {
　(四) 新罗 {
　　1. 初兴——新罗吞并辰韩各国。
　　2. 自振——倭国侵新罗，占据任那等地，建为镇守府；百济、高丽亦来侵掠。新罗卒能抵抗各方，逐去倭人。
　　3. 独存——倭虽逐去，百济、高丽仍来侵攻，求援于唐，唐灭高丽、百济，新罗独存。
　(五) 结果 {
　　1. 疆域上——朝鲜土地，除新罗、渤海国（高丽余众，立渤海国，占有吉林及俄国、朝鲜边地，分为五京）外，复归中国。
　　2. 文化上——三韩之中，马韩乃箕子后裔，秦韩本为秦人，汉扬雄作《方言》，将朝鲜和秦、燕等同观，固已带有中国文化，但至公元七世纪，新罗人薛聪仿作吏读文字，是朝鲜自制文字之始。

日本
- （一）名称——从汉到唐，都称倭国，原音为邪马台国，或称倭面土国；唐高宗时，自嫌其名，改为日本。
- （二）统一——本有许多种族，魏晋时渐行统一。
- （三）入贡中国——东晋、南朝时，倭王常来进贡，受中国的封者，共五王，即倭王赞、倭王珍、倭王济、倭王兴、倭王武。
- （四）唐败日本——唐灭百济时，日本来救，刘仁愿率陆军，刘仁轨率水军，以会陆军，遇倭人白江口，四战皆胜，焚其舟四百艘，日本从此慑服，特设遣唐使（对唐称朝贡使）。
- （五）输入文明
  - 政治——1.正朔用唐高宗的仪凤历；2.学中国的建元，日本建元，始于孝德帝，年号大化；3.学唐的租庸调制；4.律令抄的是唐的条文。
  - 宗教
    - 1. 原来——本信奉天照大神（太阳女神），谓皇室皆其苗裔，故自称天孙族，此外尚有许多神，这信仰叫神道教。
    - 2. 佛教输入——梁、陈时，佛像、经论、僧尼由百济输入，神道、佛教两派，遂多争执。
    - 3. 法相宗——道昭为玄奘的弟子，传入法相宗，并遗令死后火葬，为日本火葬之始。
    - 4. 天台、真言二宗——最澄传入天台宗，空海传入真言宗，俱倡本地垂迹说（日本诸神，皆诸佛垂迹）以调和佛教、神道的争论，至今为日本主要的佛教。

日本 {
- （五）输入文明 —— 文化 {
  1. 书籍——日本神功时，由百济输入《论语》《千字文》等，倭人才读书识字，知道礼让。
  2. 和文——空海采汉字为平假名，留学中国的日本人吉备真备回国后，用简易的草书，破析汉字的偏旁成片假名，共四十七字，变汉字为拼音字母，是日本有文字之始。
- 其他——缝纫、酿酒、煮盐、纺织、锻铸，以及营筑沟池、架桥开路、穴居渐变为家屋都是。
}

第二节　北方

突厥 {
- （一）来源——秦汉时，匈奴占有大漠南北；汉末匈奴西迁，鲜卑据其地；魏晋以后，鲜卑入主中原，东胡别族柔然代兴（柔然剪发，鲜卑辫发）；后魏末年，柔然为其属部突厥所灭。
- （二）称号——酋长称可汗，不用单于名号。
- （三）强盛——领有漠南，北及西域，北周、北齐争奉财物，以结其欢；北周帝且娶突厥可汗女为后，因此突厥益骄。
- （四）分支——隋文帝用离间政策，使自相攻杀，突厥于是分为东、西，俱臣服于隋。
- （五）中兴——隋末，中国起兵的，都求突厥相援，唐高祖李渊亦称臣于突厥，因此常恃功寇边。
- （六）灭亡 {
  1. 太宗命李靖灭东突厥，擒其可汗颉利。
  2. 高宗命苏定方灭西突厥，擒其可汗沙钵罗。
}
}

回纥 ｛
(一) 初兴——东突厥灭后，其同族薛延陀据其地，唐会同回纥灭薛延陀，回纥遂尽有其地。
(二) 强盛——安史乱时，唐借回纥兵平乱，肃宗至以公主嫁其可汗。
(三) 散亡——回纥心贪，并且联合吐蕃入寇，郭子仪入回纥军劝解，才约盟而去，后来逐渐散亡。

第三节　西方

西域 ｛
(一) 概况——汉后，苻秦曾伸展国力于西域；北魏盛时，西至波斯国恒来朝贡；魏衰，服属于突厥。
(二) 吐谷浑——隋炀帝遣使招西域，高昌等二十七国皆降，独吐谷浑恃强不听命，隋击败之，并设西海等郡，以保护往西域的路，唐时始平。
(三) 高昌——高昌自恃离唐远，遏绝西域诸国入唐朝贡之路，唐平之。

吐蕃 ｛
(一) 地点——吐蕃在今之西藏，自昔不和内地相通。
(二) 首领——首领叫作赞普，赞作强大解，普作丈夫解，合之则为君上。
(三) 叛服——赞普弃宗弄瓒（即松赞干布）向唐求婚，唐不许，便称兵寇边。太宗破其兵，弄瓒谢罪，再请婚，因以文成公主嫁之，是即藏族和内地发生关系之始。
(四) 文化输入——弄瓒别筑宫室，以居公主，并遣人到唐留学，汉族文化从此输入西藏。

西方著名的国 {
（一）印度——曾攻击唐使，王玄策用吐蕃泥婆罗（尼泊尔）的兵，直入中天竺，擒其王，于是五天竺各国都来入贡。
（二）波斯——初被大食所攻，求救于唐，乃于其地设波斯都督府，唐的国力，及于亚洲极西。
（三）大食——唐时，大食兴于阿拉伯，创立伊斯兰教，领土极大；玄宗时，遣使来朝，安禄山叛乱，曾借其兵。
}

第四节　南方

著名诸国 {
（一）安南——南方诸狪獠，为唐所平，遂设交州都督府，以管理其地，后改为安南都护府，这是安南之名所由来。
（二）暹罗——唐时名叫扶南，曾入贡中国。
（三）南洋群岛——像爪哇（阇婆）、苏门答腊（室利佛逝）等国先后来朝贡。现在南洋称中国为唐山、中国人为唐人，即起于唐时。
}

唐之处理蛮夷 ┤
（一）羁縻府州——凡蛮夷内属的，将原有的部落，改做羁縻府州，多到八百余，都统于都护和边州都督。
（二）都护府——共有六个，详见下表。
（三）疆域——纵横万余里，东逾鸭绿江，西跨兴都库什山，南尽林邑，北至骨利干。唐代的疆域较大。

都护府	安东	安北	单于	北庭	安西	安南
所在地	初治朝鲜平壤，后移辽东。	初治狼山府，后移中受降城。	治山西大同西北的云中城。	治天山北路的庭州（今乌鲁木齐）。	治天山南路的焉耆。	治岭南交州（今越南河内）。
所辖区域	满洲及朝鲜	外蒙古	内蒙古	天山北路	天山南路及中亚细亚	南洋诸国

第五节　交通

陆路
- (一) 国内
  1. 隋——炀帝于秦旧驰道外，更凿太行山，通龙门（今山西河津市），到上雒（陕西商县）的路，又开榆林到蓟州（今天津蓟州区）的路。
  2. 唐——太宗修通大庾岭的路，以发展岭南和中原交通。
- (二) 国外
  1. 原因——汉通西域后，魏晋间曾断绝，后因佛教徒往来不绝，互市因之兴盛。
  2. 中枢——甘肃的武威和张掖，最为兴盛。
  3. 重要途径——一为西域渴槃陀路，从此度葱岭而西；一为大理，是通印度的大道。
  4. 互市——隋于沿边州郡，设交市监，进口货是驼马和珠玉，出口货为茶缯，外商以波斯、大食、犹太人为多。

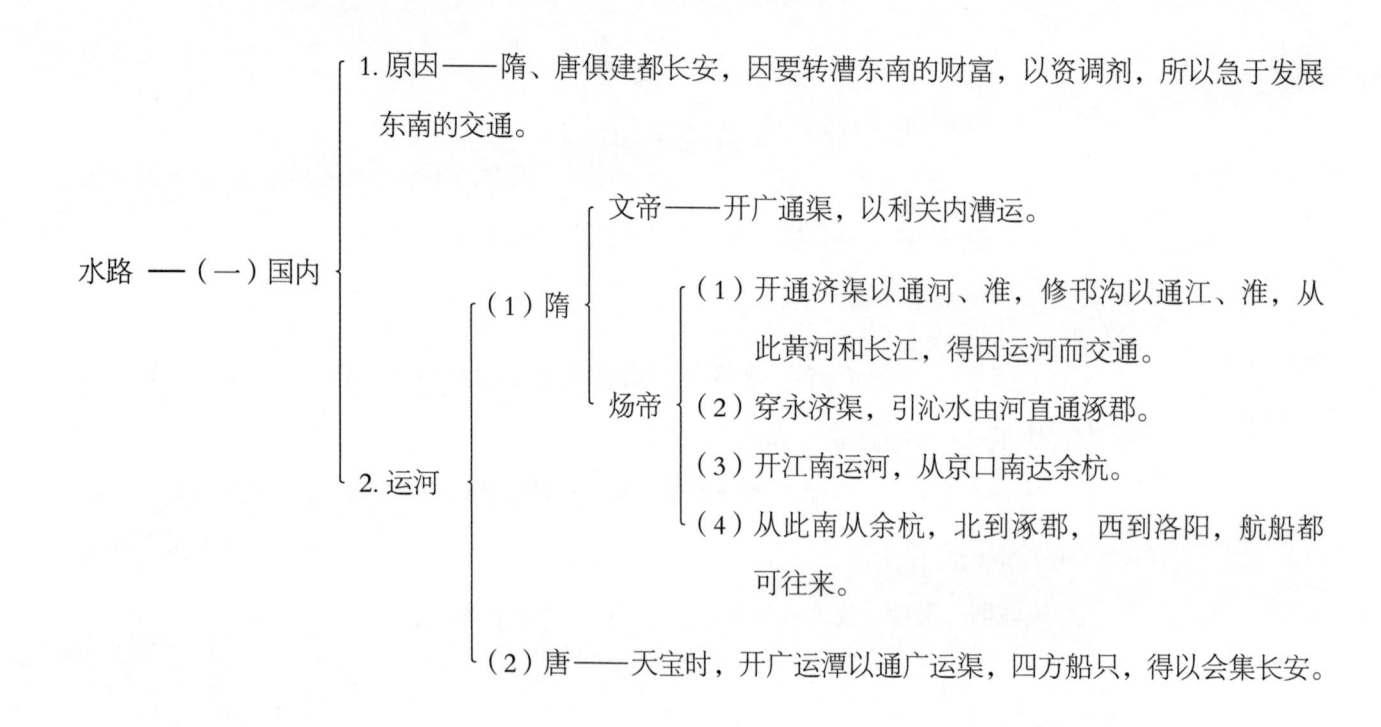

水路 ─ （一）国内
├ 1.原因──隋、唐俱建都长安，因要转漕东南的财富，以资调剂，所以急于发展东南的交通。
├ 2.运河
│ ├（1）隋
│ │   ├ 文帝──开广通渠，以利关内漕运。
│ │   └ 炀帝
│ │   ├（1）开通济渠以通河、淮，修邗沟以通江、淮，从此黄河和长江，得因运河而交通。
│ │   ├（2）穿永济渠，引沁水由河直通涿郡。
│ │   ├（3）开江南运河，从京口南达余杭。
│ │   └（4）从此南从余杭，北到涿郡，西到洛阳，航船都可往来。
│ └（2）唐──天宝时，开广运潭以通广运渠，四方船只，得以会集长安。

水路 ─（二）域外 ┬ 1. 原因——东汉后，欧亚的水路交通，颇形发达；到了唐时，陆路交通，被西突厥和吐蕃所阻，海上交通更行促进。
　　　　　　　├ 2. 航行权——公元三世纪至八世纪，中国船在波斯湾、阿拉伯海中，帆樯如帜，航行权几全在中国人之手。
　　　　　　　├ 3. 重要口岸——广州最为繁盛，登州是东往朝鲜、日本的唯一门户，此外交州、扬州，亦为重要口岸。
　　　　　　　└ 4. 市舶使——唐于重要口岸，设市舶使，征收关税，为中国海关制度的起源。

驿站 ┬ （一）凡三十里设一驿站。
　　 ├ （二）全国共一千六百三十九所。
　　 ├ （三）每天行路的快慢有一定，陆路有用车、用马、步行的区别，水路有黄河、长江，顺流、逆流的区别。
　　 └ （四）舟车的运价有一定。

第十章 隋唐之文化

经学
- （一）隋——王通教授河汾之间，弟子甚众，著书曰《中说》；殁后，门人谥为文中子。
- （二）唐
  - 1. 官——太宗命孔颖达、颜师古纂《五经正义》：《易》用王弼注，《诗》用毛传、郑笺，《书》用伪孔传，《礼》用郑玄著，《春秋》用《左传》及杜预《集解》，自成唐代的经义。
  - 2. 私——李鼎祚作《易集解》，宗郑排王；啖助说《春秋》，不宗三传，断以己意。

史学
- （一）官史——《史记》《汉书》等史，都为私撰，太宗令长孙无忌、魏征等撰《隋书》，为史由官修的起源。
- （二）史评——刘知几著《史通》，批评史法，为史评的名著。
- （三）政书——杜佑撰《通典》，条贯事类，为政书之大著。

历算 {
(一) 原因——中国以农立国，推测气候，自然注重，天文历算因而发达。
(二) 事实——汉张衡作浑天仪后，继起很多；隋特设专员，测算天时；唐仍其制，李淳风及僧一行，称精博。
(三) 变迁——玄宗时，《九执历》自西域传入，其算皆以字书，不用筹算，为国外历法及笔算输入之始。
}

诗 {
(一) 追溯——诗源于《诗经》，多系四言，至汉变为古乐府和五七言诗，魏晋南北朝时极盛。
(二) 近体诗——唐将以前的诗，叫作古体诗；唐时另行创造一种近体诗，内分律诗、绝诗两种。律诗有五言、七言之别，通常是八句四韵，二、三两联成对；绝句亦有五言、七言之别，通常每章四句。
(三) 名家——1. 杜甫、李白为唐代最有名的诗人，并且成为后代中国诗的典型；2. 高僧寒山、拾得用当时语体文作诗，为后代用白话写诗的滥觞。
}

文 {
(一) 追溯——秦、汉以前的文学，多为散体；东汉以后，骈体文渐盛；南北朝时，所传留的，几全为风花月露的文字。

(二) 骈文——初唐的四杰（王勃、卢照邻、杨炯、骆宾王）文极精丽；盛唐的燕、许大手笔（燕公张说，许公苏颋）意境开张；到了陆贽，虽为骈文，仍能委婉流利，实开宋人的流派。

(三) 复古——韩愈排斥骈文，独为散体，以复秦汉之旧，柳宗元附之，这两人为唐宋以来，古文家之祖。

(四) 通俗文——1. 变文，将故事演变而成，如《目莲救母》变文是；2. 俗文，将佛经译成通俗文字，如《佛本行集经》俗文等是。还有佛曲，劝世诗等类，现发露于敦煌石室，为后世宝卷、弹词等所出。
}

小说 {
(一) 原由——1. 起源于民间相传的神话；2. 印度传入故事；3. 将中国事实，以讲佛经的报应，所以唐有传奇的作品。

(二) 内容——1. 恋爱，像元稹的《会真记》；2. 侠义，像杜光庭的《虬髯客传》；3. 理想，像李公佐的《南柯记》等。

(三) 量——宋时所编纂的《太平广记》，大半是唐人小说。
}

音乐 {
(一) 变迁——五胡乱后，古乐失传，西域音乐流入于中国。
(二) 十部乐——太宗所制，多非中国所固有。
(三) 梨园——玄宗教乐工、宫女于梨园中，号梨园子弟，因此后代称伶人为梨园子弟。
}

画 {
(一) 追溯——中国文学，起源于图画，故由来已久；但到了两汉，只有人物画和图案画；魏晋以后，遂成独立的艺术。晋顾恺之、宋陆探微、齐谢赫、梁张僧繇都有名。
(二) 特点——古代只有人物画，唐才有山水画，吴道子名道玄最有名，称为画圣。
(三) 分派 {
  1. 北派——李思训画金碧山水。
  2. 南派——王维画泼墨山水，开后代文人画的先声。
}
}

书 {
(一) 追溯——书法为中国特有的艺术，魏晋时，南朝是王羲之等最有名，叫作帖；北朝的石刻最多，叫作碑，都为后人所爱慕。
(二) 原因——隋设书学博士，唐行考试书学，至立为一科，因政府提倡，益形进化，所以隋的碑文，上承六代，下起三唐，为古今书学大关键；唐则所出土的碑，书法都很好。
(三) 名家——唐的褚遂良、欧阳询、颜真卿、柳公权都有名。
}

雕塑 {
(一) 雕刻——南北朝受印度影响，雕像立碑的风气极盛，山西大同的云冈石窟、河南洛阳的龙门石窟，刻像很精妙。
(二) 塑造——唐代塑像多精妙，最著名的为杨惠之。
}

第十一章　五代十国

五代 ┬ （一）梁 ┬ 1. 篡位——朱温本黄巢党，降唐后，赐名全忠，以平宦官功，封梁王，遂擅权，旋废昭宣帝，自即帝位，都大梁，以梁为国号。
　　　│　　　　├ 2. 分裂——河东节度使李克用，和温有仇，温称帝，克用不服，其余如李茂贞等也纷纷独立，所以中国又成分裂。
　　　│　　　　└ 3. 概况——末帝时，为李存勖所灭，共二世，十七年。
　　　└ （二）唐 ┬ 1. 追溯——西突厥别部处月，所居地有大碛名沙陀，因号为沙陀突厥，酋长朱邪执宜的儿子赤心，代唐平庞勋之乱，任为大同节度使，赐名李国昌，沙陀才有地盘。
　　　　　　　　├ 2. 称帝——克用为国昌子，和朱温相争不已，终不能胜；后其子存勖灭梁，迁都洛阳，国号后唐，称为唐庄宗。
　　　　　　　　└ 3. 概况——庄宗殁后传明宗，为克用养子，原姓不详；明宗后为闵帝、废帝，废帝原姓王，为石敬瑭所灭，共四世十二年。

五代
- （三）晋
  - 1. 称帝——石敬瑭亦沙陀人，借兵于契丹，因为帝，后都大梁，国号晋，谥为高祖。
  - 2. 割地——敬瑭因借契丹的兵，得为帝，事后即割燕、云等十六州于契丹，至宋仍未能收复。
  - 3. 概况——高祖子出帝，因与契丹战，为所败，遂降而亡，共二主计十一年。
- （四）汉
  - 1. 称帝——沙陀刘知远本晋将，乘中原无主，便入大梁即帝位，国号汉，谥高祖。
  - 2. 概况——传至隐帝，为郭威所篡而亡，共二世四年。
- （五）周
  - 1. 称帝——郭威既篡位，国号周，谥太祖。
  - 2. 概况——威死，传其养子荣，本姓柴，谥世宗。武能抵抗辽人，胁降小国；文则制定礼乐，勤政爱人，称为英主。不幸早卒，子宗训为赵匡胤所篡而亡，共三世九年。

五代诸国兴亡表

国名	吴	南唐	闽	前蜀	后蜀	南汉	吴越	楚	荆南
所在地	今江西、安徽等地。	今江西、安徽等地。	今福建。	今四川及陕西一部分。	今四川及陕西一部分。	今两广及越南北部。	今浙江及江苏一部。	今湖南。	今荆州等地。
始创人	杨行密	李昪	王潮	王建	孟知祥	刘隐	钱镠	马殷	高季兴
因何而亡	为李昪所篡。	为宋所灭。	为吴越、南唐所分。	为后唐所灭。	为宋所灭。	为宋所灭。	后降宋。	为南唐所并。	后变为南平而灭于宋。
称号	帝	帝	帝	帝	帝	帝	王	王	王
附注									

国名	北汉	歧	燕
所在地	今山西	今陕西	今北京
始创人	刘崇	李茂贞	刘仁恭
因何而亡	为宋太宗所灭	为后唐所灭	为后唐所灭
称号	帝	王	
附注	以上史称为十国		

第十二章　宋之政局

太祖
- （一）称帝——赵匡胤奉命出征，兵士即拥之为帝，带兵进京，废周主而自立，仍都汴京，国号宋。
- （二）统一——是时各割据国之存在的，东南有南唐、吴越，南有南平、南汉，西有后蜀，北有北汉，先后派兵平定（仅北汉到太宗时才平）。
- （三）收兵权
  - 内
    1. 用赵普之言，将宿将石守信等兵权解去。
    2. 立更戍法，使禁卫军更番分守各州，调兵不调将，使兵士不至为将所有。
  - 外
    1. 节度使因辞职或死亡时，即派文官去治理。
    2. 各路设转运使，财赋全行输送汴京，使节度使无财权。

王安石变法
- （一）原因——宋初虽统一中原，但辽、夏未平，终感困难；迨真宗又汰侈自奉，不能振作，仁宗亦仅能保境安民，神宗以国家贫弱，遂用王安石，定变法的计划。
- （二）先河——范仲淹为相，改革内政，主张颇和平，人已多反对。

王安石变法 ─ （三）方案
- 1. 财政上
  - （1）设置三司条理司——宋的财政，掌于盐铁、度支、户部三司，很多靡费，安石将全国度支，编为定式，冗费多省去。
  - （2）农田水利法——意在增加生产，此法行后，添加的田很多。
  - （3）青苗法——富户多重利盘剥，所以政府在夏、秋未熟前，将现钱给农民，作田本，秋收以后，加二分或三分的息还官。
  - （4）募役法——宋制，人民都须服役，安石将人民家资之贫富，分为五等，按州县应用雇役之数，平均摊派征收。
  - （5）方田均税法——清丈以后，照土地的肥瘠而定税则。
- 2. 军事上
  - （1）汰士兵——宋制，天子卫兵叫禁军，最精锐；诸州之兵叫厢军，势较弱。安石将不能任禁军的，降为厢军；不能任厢军的，免复为民。
  - （2）废番戍制——择地置将，各统兵卒，就地加以训练，使将与兵习，便于指挥。
  - （3）保甲法——十家为一保，有保长；五十家为一大保，又有大保长；十大保为一都保，有都保正和都保副。户有二丁的，选一丁为保丁，授以弓弩，使能保卫。
  - （4）保马法——将牧马给民豢养，或给民以钱而令自买，一岁阅其肥瘦，死则赔补。
  - （5）军器监——募良工以监造军器。

王安石变法
- （三）方案 — 3. 学制上
  - （1）兴学校——设律学、武学、医学等专门学科。
  - （2）改科举——罢诗赋、帖经、墨义，专以经义、策论试士。
- （四）失败的原因
  - 1. 旧臣反对——老臣如富弼、韩琦、司马光等都不以为然，名士如程颢、苏轼等不愿帮助。
  - 2. 推行无人——安石所用的如吕惠卿、章惇等，多系投机分子，奉行新政的人，遂从中作弊，反为民害。
  - 3. 外交失败——安石对西夏用兵，既得不偿失，对辽划界，又失地甚多，反对派更有所借口。
- （五）结果——神宗一死，新法尽行推翻，结果遂引起党争。

党争
- （一）首领
  - 1. 旧党——司马光。
  - 2. 新党——王安石。
- （二）争点——党争之初，不过因政见不同；到了后来，只争意气，并无政见。及蔡京当国，敌视异党，立碑贬斥，纯以党为工具，来争个人权利，致政治败坏，宋室益弱。
- （三）兴仆——初，新党专权，旧党都罢免；及神宗死，哲宗立，高太后临朝，重用旧党。但旧党内部又分为三，蜀党为苏轼，洛党为程颢，朔党为刘挚，内部已多意见，新党遂乘机而起。此后或起或仆，无时或息。到蔡京弄权，旧党从此不复起。

第十三章 宋代之少数民族

辽之兴起
- （一）种族——契丹本东胡种，住潢河（西辽河）以南；同种的奚，住潢河以北，都服属于唐，虽曾叛乱，自称可汗，然终不振。
- （二）初兴——到了耶律阿保机，用韩延徽为谋主，统一本部，收服奚族，北侵室韦女真，灭渤海，西取突厥故地，自称帝，号天皇王。
- （三）改国号——耶律德光继立，助石敬瑭灭后唐，立为晋帝，得燕云十六州，且称臣纳币，以父礼事德光，德光改国号曰辽。
- （四）灭晋——敬瑭死，侄重贵为帝，与辽失和，德光引兵灭后晋，掳重贵北去。
- （五）败于周——郭威篡后汉，刘崇自帝于太原，引辽兵伐周，周世宗遂伐辽，辽失关南地。

宋与辽
- （一）太祖——忙于统一，和辽无战事。
- （二）太宗——既灭北汉，想恢复燕云，乘势攻辽，结果是大败于高梁河；及辽萧太后听政，太宗以为女主当国，有隙可乘，命曹彬、田重进、潘美分路出兵，依旧大败于歧沟关，辽师进攻，杨业败死于陈家谷，沿边更受损失。
- （三）真宗——辽圣宗寇边，寇准劝真宗亲征，次于澶州，辽人夺气，萧挞凛又中矢死，乃来求和，索关南地，宋与之为澶州之盟，岁输辽银十万两，绢二十万匹，圣宗称真宗为兄，真宗称萧氏为叔母。
- （四）仁宗——辽乘宋有西夏之患，又来求关南地，宋使富弼交涉，结果增银、绢各十万。
- （五）神宗——辽见宋虽胜西夏，但元气大伤，要求勘定国界，宋无力抵抗，失地七百里。时辽很强盛，建立五京，降高丽、西夏及回鹘。
- （六）徽宗——通书于金，约来击辽，金太宗遂灭辽，辽遗族耶律大石远走，自建西辽国，金欲招之使降，不从，后为乃蛮部的古出鲁克所灭。

宋与西夏 {
- （一）追溯——唐末，党项拓跋思恭以讨黄巢功，授定难节度使，封以夏、银、绥、宥、静五州地，赐姓李，子孙世袭官职。
- （二）降宋——到李继捧时，率族朝宋，献四州地，宋赐姓赵，其弟继迁据银州，寇宋失败，降辽，后宋又招徕他，赐以姓名，为赵保忠、赵保吉，既而兄弟都叛去。
- （三）称帝——保忠为宋所擒，保吉攻得灵州，死后其子德明立，臣事辽、宋两朝，但自称为帝，立元昊为太子。
- （四）元昊 {
  - 1. 内政——以兵法勒各部落，置文武官，立蕃、汉学，自制西夏文字，以教部民，都于兴庆，称大夏皇帝。
  - 2. 武功 {
    - （1）击败回土，尽取河西地。
    - （2）宋仁宗令韩琦、范仲淹去讨，总不能胜，因修和，为父子之国，岁赐银、绢、绮、茶二十五万。
    - （3）宋神宗想恢复河湟，引兵伐夏，大败于永乐，乃忧愤而死。
  }
}
- （五）灭亡——蒙古的成吉思汗，灭西夏。

宋与安南 {
- （一）追溯——安南在五代时属南汉，置交趾节度使，统十二州，后以各州互相争战，为骥州刺史丁部领所统一，自领交州帅，号大胜王。
- （二）降宋——子丁琏继位，入贡于宋，太祖封为交趾郡王。
- （三）叛服 {
  1. 第一次——太宗谋取交州，战于白藤江口，获胜，更进而败，乃罢兵。
  2. 第二次——安南王由丁而黎而李；到神宗时，安南王李乾德入寇，王安石命郭逵往讨，败之于富良江，乾德请降，遂罢兵。
  }
- （四）结果——安南从此沦为藩属。
}

金之兴起 {
- （一）种族——女真为东胡种，在松花江西南的，辽有户口册籍，叫熟女真；在江东的，辽无册籍的，叫生女真，都为辽所役属。
- （二）称帝——生女真完颜部长阿骨打，见辽帝荒怠，遂反，辽征之，反为所败，遂称帝，国号金，是为金太祖。
- （三）灭辽 {
  1. 缔约——宋与金约夹击辽，事成，宋得燕云十六州，而以送辽的岁币，送给金国，彼此不得过关。
  2. 用兵——宋命童贯攻辽燕京，不能胜，金从居庸关进攻，燕京降于金。
  3. 交涉——金欲食言，宋与之交涉，结果宋除岁币外，又出代税钱百万缗、粮二千石，才将燕京及山前六州归宋，而子女玉帛，金俱取去，宋只得空城。
  4. 亡辽——金太祖殁，弟太宗继位，将辽天祚帝捉住，遂灭辽。
  }
}

金灭北宋
- 第一次战
  1. 原因——金因宋不能胜辽，已知宋人无能，适宋纳辽降将张瑴，遂借口伐宋。
  2. 战事——金取宋的燕京，围太原，童贯逃回，金遂逼东京，宋徽宗禅位于子钦宗。
  3. 和约——宋输金五百万两、银五千万两、牛马万头、绢帛百万匹于金，并割中山、太原、河间三镇，尊金帝为伯父，以宰相、亲王为质，约成，金兵退去。

- 第二次战
  1. 失和——宋又私招辽旧将，书为金所得，遂失和，伐宋。
  2. 求和——宋请尽献河东、河北地，金要求金帛，宋搜刮民间，不能餍金欲，金将徽、钦二帝及后妃、外戚等三千余人，掳之北去，财物劫掠一空。
  3. 废立——金废徽宗为昏德公，钦宗为重昏侯，更册立张邦昌为楚帝，北宋亡。

- 宋之南渡
  - （一）即帝位——北宋既亡，宋人又立徽宗子康王构于南京应天府（今河南商丘），是为高宗。康王懦怯，既不用李纲备战之谋，又不许宗泽还京之请，一意避敌。
  - （二）背景——时张邦昌已自去帝号，金人一面起兵伐宋，一面立刘豫为齐帝，令其助金敌宋。
  - （三）奔逃——金人节节进逼，高宗退守扬州，又退临安，金将兀朮（完颜宗弼）大举渡江，高宗又航海退温州。
  - （四）偏安——韩世忠、岳飞等抄袭金人于长江一带，金人才退兵，高宗乃定都临安，命韩世忠守淮水，岳飞守鄂州。

- 南宋与金之和战 — 第一次战
  - 1. 战事——金人屡败，其将完颜昌主和，纵秦桧回南，欲以河南诸州还宋；后兀朮主战，遂大举南侵，刘锜败之于顺昌，吴玠败之于和尚原，岳飞兵尤锐利，朱仙镇一役，兀朮精锐尽失。岳飞正想追过黄河，因秦桧主和，连用十二道金牌，将飞部队撤回，宋、金两国遂订和约。
  - 2. 和约
    - （1）宋对金称臣。
    - （2）宋给金银二十五万两，绢二十五万匹。
    - （3）两国以大散关及淮水中流为界。

南宋与金之和战
- 第二次战
  - 1. 战事
    - （1）金败——金主亮既弑熙宗，迁都燕京，想统一中国，领兵六十万，南下，宋将刘锜不能敌。亮直趋采石，适金内乱，已立世宗于辽阳。亮闻之，欲平宋后北归，将渡江，为虞允文所败。亮退瓜州，为部下所杀，金兵乃退。
    - （2）宋败——宋高宗传位孝宗，孝宗任张浚图恢复，浚使李显宗等分道出兵，又为金人所败，遂成和议。
  - 2. 和约
    - （1）孝宗称金主为叔父。
    - （2）银、绢各减五万。
    - （3）地界如前。
- 第三次战
  - 1. 战事
    - （1）动因
      - ①韩侂胄既排赵汝愚和朱熹，想立功勋，以塞众口。
      - ②金的部族，叛乱不已，山东、河南又多荒歉，以为有隙可乘。
    - （2）事实——侂胄伐金，结果大败，淮西诸地尽失；侂胄惧而求和，金要侂胄头，和议遂决裂。宋史弥远杀侂胄，送头于金，和议又成。
  - 2. 和约
    - （1）改叔侄称呼为伯侄。
    - （2）银三十万两，绢三十万匹。
    - （3）地界如前。

宋时少数民族之汉化
- （一）辽
  1. 太祖阿保机时，省汉人隶书的笔画，造成契丹文字，后韩延徽当国，制婚嫁，置官号，益行汉化。
  2. 太宗陷汴京，取去中国的图书、礼器，文化益输入契丹。
  3. 辽室诸帝，均通达汉学，并设立太学，行科举制度。
- （二）西夏
  1. 先世受唐、宋官职，所以通汉文。
  2. 元昊一切规模，都为张、吴二生所策划，且仿汉字以造成西夏文字，而译《孝经》等书。
  3. 谅祚用汉人仪节，用汉人衣冠，汉化尤为彻底。
- （三）金
  1. 金所得汉人书籍、仪仗等多，所以多同化于汉。
  2. 金的辖地，本为中原文献之邦，金人大多就是汉人，自然汉化。
  3. 金世宗说他的儿子不晓女真文字，可知其习汉风忘旧俗。

第十四章 宋代的文化

理学 {
- (一) 原因 {
  1. 时代的反动——自魏晋以来，士风已坏；至五代时，冯道历事十君，反以为荣；宋初，奖励韩通的忠节，种放的高隐，士风从此一变。
  2. 佛、道的影响——唐时佛、道俱盛，士人往往加以排斥；到了宋代，都是"出入佛老反求六经"，不复为六经所束缚，即成宋代理学的特色。
  3. 书籍的统传——自五代至宋，印刷术进步，得书既易，学术思想自然容易发展。
}
- (二) 名称——周敦颐谓太极生两仪，太极是道的本体，人秉阴阳而生，要正心诚意，以合乎道理，这是道学名称的由来，也叫作理学。
- (三) 渊源——宋代理学，最初为周、邵，但周的太极图，得之陈抟；邵的先天八卦图，也得之陈抟，是陈抟实理学的发源人。
}

理学 ┬ （四）名家 ┬ 1. 濂——周敦颐，字茂叔，人称濂溪先生，是理学的开山祖师。
　　│　　　　　├ 2. 洛——程颢，字伯淳，人称明道先生；程颐字正叔，世称伊川先生，俱受学于濂溪，理学到二程才成立。
　　│　　　　　├ 3. 关——张载，字子厚，世称横渠先生，讲学于关中，《西铭》一文，尤为人所称道。
　　│　　　　　└ 4. 闽——朱熹，字元晦，世居安徽，但曾在闽中讲学，故曰闽。宋的理学，到熹才能集大成，著《大学中庸章注》《论语孟子集注》，叫作四书，自宋到清末，为士人必读之书。
　　│
　　└ （五）分派 ┬ 1. 朱子的主张——世界事物，莫不有理，应将各种事物，研究出道理来，然后豁然贯通，为人自有定见。
　　　　　　　　├ 2. 陆子的主张——陆九渊，字子静，世称象山先生，谓万物皆备于我心，只要我有定见，"我虽不识一字，亦可还我堂堂地做个人"。
　　　　　　　　└ 3. 功利派——也叫作浙东学派，因为吕祖谦和陈亮、叶适都是浙东路人。吕注重经世致用，陈、叶都诋斥空谈，昌言事功。

文艺 {
- （一）经学——宋代经学，专研求义理，和汉的注重训诂不同，且对于古籍，发生疑点，即加以指摘，如欧阳修疑《易》，王安石讥《春秋》。
- （二）史学——史家有司马光的《资治通鉴》，袁枢的《通鉴纪事本末》，朱熹的《通鉴纲目》，这纪事本末和纲目，在中国史上添了两种体裁。
- （三）文 {
  1. 散文——韩、柳在唐时，虽提倡散文，但从者极少；到了宋朝，有欧阳修、王安石、曾巩、苏洵、苏轼、苏辙六人出才盛。明人选这八人文，叫作八家文。
  2. 骈文——六朝的骈文，到了宋朝，加以矫正，才成轻圆流利的文字。
  3. 俗文——平话小说，也于宋时兴起。平话有诗话、词话的分别，前为说话，后系以诗词故名，这都是演讲故事，叫作演义，也称说书。
  }
- （四）诗——欧阳修、苏轼等都善为诗，后更发生江西一派，以黄庭坚为首，陈师道、梅圣俞等继之，共二十五人，吕居仁作《江西诗派图》。
- （五）词——词为宋最著名的文学，分南、北二派，南派为柳永、秦观等，以婉约为主；北派为苏轼、辛弃疾等，以豪放为主。
- （六）书——宋代文人，几乎都是书家，最著名的，是苏轼、黄庭坚、米芾、蔡襄，又创造法帖，使学书的取法于帖。
- （七）画——五代时的荆浩、关仝，以山水见长；南唐的徐熙、黄筌，以花卉见长；宋代如董源、僧巨然，大都以山水画著名。宋徽宗亦善画，作画院，画工细楼台人物，叫作院体。
}

第十五章　元代之武功

蒙古的勃兴
- （一）建国——蒙古族本唐时室韦的一部，名叫蒙兀室韦，金曾向它借兵，不照原约报酬，蒙兀由是怨金，其酋长合不勒便独立，自建国号为大蒙古国。
- （二）称号——是时大漠南北，共有十余部落，而以泰亦赤兀、克烈、乃蛮三部为最强。铁木真即位，先灭泰亦赤兀和克烈，后又灭乃蛮，诸部落都为所并吞，国势骤盛。在一二〇六年，便大会诸部落于斡难河源，部众上尊号曰成吉思汗，是为元太祖。

蒙古的统一
- （一）灭夏——成吉思汗西征，归而伐夏，未克而死，诸将遵遗命灭夏。夏从元昊称帝，凡二百〇一年而亡。
- （二）灭金
  1. 第一次战役——一二一〇年，成吉思汗伐金，金边将汪古部附蒙古，导兵入隘，破金兵四十万，直薄燕京而还。
  2. 第二次战役——一二一三年再伐金，所过残破，围燕京甚急，金纳女请和，蒙古兵乃退。
  3. 第三次战役——金因河北残破，迁都于汴，蒙古即借口金人有相疑的心，进兵破燕京，因成吉思汗急于西征，金得苟延残喘。

蒙古的统一 {
　(二)灭金 { 4.联宋灭金——蒙古因从燕京进兵，形势不利，欲联宋灭金，宋亦不鉴联金灭辽的覆辙；迨成吉思汗死，元太宗窝阔台立，两国遂夹击金，金哀宗自焚死。金从阿骨打称帝，至是凡百二十年而亡。

　(三)灭宋 {
1. 失和——蒙古和宋联盟灭金，迨金已灭，宋相郑清之、将领赵葵、赵范想乘机恢复中原，夺汴克洛阳，逐蒙古守兵，和好遂绝。
2. 战争——蒙古出兵，不但收复失地，且分兵南下，陷襄阳、成都；幸蒙古无意对宋，宋孟珙得收复新失的土地。
3. 再和——等到蒙古宪宗即位，分兵南侵，宪宗自率兵围蜀合州，宋将坚守，宪宗死于城下，蒙兵引还；另一路为忽必烈所领，从河南围鄂州，宋相贾似道救鄂，秘密乞和，忽必烈许之，遂北归，自立于开平，即元世祖。
4. 复失和——贾似道专权误国，讳和为胜，不但和约上"称臣，岁币银、绢各二十万，划割江北地"等款，不肯履行，且拘囚蒙古修好的使臣，于是衅端复起。
5. 威逼——一二七一年，蒙古建国号为元，定都燕京，称为大都，宋更受压迫。
6. 亡宋——元令伯颜南下，贾似道大兵溃于芜湖，元入建康、临安，掳恭帝。恭帝曾召各路兵拒元，只有文天祥、张世杰应召，但力薄不能敌元。天祥被元所掳，不屈死；世杰奉帝昺守崖山，兵败死于海；宋相陆秀夫负帝昺投海死，史称宋亡三杰。南宋传国一百五十三年而亡。
}
}

蒙古西征
- （一）第一次
  - 1. 灭西辽——成吉思汗既灭乃蛮，乃蛮汗子古出鲁克逃西辽，遂夺了西辽的土地，想恢复旧业。成吉思汗派哲别西征，杀古出鲁克，平定西辽。
  - 2. 灭花剌子模——西辽既灭，蒙古和花剌子模接壤，因杀蒙古商人，成吉思汗率兵西征，灭其国，其王逃入里海中小岛而死。
  - 3. 征钦察部——乘胜差了哲别，由宽田吉思海（里海）逾太和岭（高加索岭）征钦察部，大破钦察和阿罗斯（俄罗斯）的联军，乃旋兵。

- （二）第二次
  - 1. 定钦察——太宗窝阔台遣侄拔都率兵五十万，定钦察。
  - 2. 破俄都——乘胜进攻阿罗斯，时俄国分为数十国，蒙古兵来，或降服，或破灭，遂陷莫斯科。
  - 3. 分路进兵——更分兵两路，一从匈牙利渡多瑙河，一出波兰，破波兰和日耳曼的联军，兵力直达现在意大利的威尼斯，全欧大震，称为黄祸，或谓上帝之鞭；后因太宗窝阔台死，遂退兵。

- （三）第三次
  - 1. 灭巴格达——蒙哥既立，遣弟旭烈兀西征，进攻大食，陷都城巴格达。
  - 2. 与东罗马国为邻——更进兵到叙利亚，与东罗马帝国接境。

蒙古大帝国 ⎰ （一）行省 ⎰ 1. 中国本部建为十一行省。
　　　　　⎱　　　　 ⎱ 2. 此外如西域的阿母河，南方的占城、婆罗洲等地亦立行省。
　　　　　 （二）分封——四大汗国，为最大。
　　　　　 （三）降附——日本因元的船舰被风所覆，未能征服外，爪哇、马八儿、俱蓝、暹国等皆来朝贡。
　　　　　 （四）四至——东尽高丽，北以西伯利亚为界，南及喜马拉雅山，西方并有欧洲俄罗斯，和小亚细亚半岛的一部，成为跨有欧、亚两洲的大帝国。

四大汗国表

国名	窝阔台汗国	察合台汗国	钦察汗国	伊尔汗国
所有地	贝加尔湖以西至阿尔泰山地方。	葱岭东西。	俄罗斯至西部西伯利亚地方。	波斯至叙利亚地方。
占有者	太宗窝阔台的子孙。	太祖次子察合台的子孙。	太祖长子术赤之子拔都所建。	太祖幼子拖雷之子旭烈兀所建。
都城	叶密立	阿力麻里	萨莱	玛拉伽
灭亡	并于察合台汗国。	帖木耳帝国。	初分为诸汗国，后臣服于帖木耳，最后为俄国所灭。	帖木耳帝国。

元亡
- (一) 原因
  1. 既无一定的信仰，又无统一的文字，精神自然不能团结。
  2. 分全国人民为四个阶级，一为蒙古人，二为色目人（西域及欧洲人），三为汉人（金亡后遗民），四为南人（宋亡后遗民）。在官职上、科举上，处处都限制汉人。
  3. 元又分职业为十等：一官，二吏，三僧，四道，五医，六工，七匠，八娼，九儒，十丐，故意违反传统习惯。
  4. 禁止江南人民挟藏兵器，每十家设一甲长，监视一切。
  5. 成吉思汗由库里尔泰大会，推为大汗，从此成为定例；太宗由遗命得立；定宗由大会推立，并无问题；此后宪宗、世祖的立，便多倾轧，内乱由此不已。
  6. 蒙古族本强悍，自征服文化国后，遂染其习惯，流为文弱。
  7. 政府横征暴敛，喇嘛僧专横凶虐，官吏将帅又贪污骚扰。

- (二) 事实
  1. 发难——方国珍起兵于台州，首先发难。
  2. 猖獗——白莲教徒起事于淮北、河南，头裹红巾，号曰红巾军，奉韩林儿为主，到处骚扰。从此张士诚据吴，陈友谅据江州，群盗蜂起了。
  3. 破败——朱元璋将元顺帝赶回蒙古，中原受蒙古统治八十九年，至此仍归汉族统治。

第十六章　元之交通和文化西渐

陆路
- （一）初创——拔都西征后，始开东西交通之路。
- （二）驿站——太宗窝阔台在各汗国境内，设立驿站，增置守备，于是从东亚以至东欧，行旅无阻。
- （三）分道
  1. 北道——经天山北路出西伯利亚南部，以入俄国境。
  2. 南道——经天山南路出中央亚细亚，经阿拉伯以至欧洲。

海路
- （一）兴盛——元世祖招徕互市，所有南洋诸国，以及沿印度洋至波斯湾等地居民，都来中国贸易。
- （二）口岸——为杭州、上海、澉浦、温州、庆元（宁波）、广州、泉州七港，而泉州尤有名。
- （三）设官——七港均设有市舶司，以检查输出输入的货物。

来中国的欧洲人
- （一）柏朗嘉宾——意大利人，欧人来中国，柏氏为有文献可查考的第一个。
- （二）马可波罗——意大利威尼斯人，在元做了十七年的官，归国后，著《东方见闻录》，极称中国的富盛，实开欧人歆羡东方，发现新航路的动机。

文化的西渐
- （一）罗盘
  - 1. 制造——利用磁针的指极性。
  - 2. 时期——战国时已发明，北宋时航海，用来定方向。
  - 3. 传入——由阿拉伯人从中国传到欧洲。
- （二）火药
  - 1. 制造——北宋时，奉敕所撰的《武经总要》，说以焰硝、硫黄、砒霜、木炭末等制成火药。
  - 2. 利用——宋虞允文用纸裹硫黄、石炭以攻敌；理宗时，有一种突火枪，用粗竹做筒，内装子窠，是为火炮之始。
  - 3. 传入——蒙古西征，用以攻敌，遂传入欧洲。
- （三）印刷
  - 1. 初创——隋时已有；唐益州的墨版，更利用雕版，印刷书籍。
  - 2. 流行——五代时冯道请镂板刻九经，印刷于是流行。
  - 3. 活字版——北宋仁宗时，毕昇用胶泥做成活动字模，烧硬后，排成铁板上印书，是世界有活字版之始。
  - 4. 传入——由阿拉伯人的媒介，传入欧洲。

第十七章　明代之政局

朱元璋
- （一）少年时——濠州人，幼年以孤儿入皇觉寺为僧，后乞食诸州，郭子兴起兵，即为其部将。
- （二）起兵——见子兴难与共事，自起兵，先后攻灭陈友谅、张士诚，略定江南，称吴王。
- （三）灭元——令徐达、常遇春分道北伐，会师德州，直逼元都，顺帝逃回蒙古。
- （四）称帝——元璋称帝，国号曰明，定都应天，建元洪武，史称明太祖。
- （五）杀功臣——先族诛宰相胡惟庸，继又族诛宰相李善长，后又族诛功臣蓝玉、傅友德等。

靖难之变
- （一）远因——太祖复行封建，择重要的地方，分封诸子，凡二十余国，燕王棣因防守北边，所以权力特大。
- （二）近因——太祖的太子标早卒，所以太祖死，太孙即位，是为惠帝。因诸藩多不奉法，便用齐泰、黄子澄之谋，以法绳诸侯。燕王棣见惠帝防察日迫，便举兵反，以清君侧为名，号为靖难。
- （三）战事
  1. 棣初举兵时，惠帝派耿炳文、李景隆往讨，先后为棣所败，便陷德州。
  2. 山东都督盛庸，及铁铉反攻，遂复德州。
  3. 惠帝捕治中官，中官差人通燕，说京师可取，棣便南下，陷诸州，直至扬州，陈瑄以舟师叛附于棣，遂自瓜州渡江，陷京城。
  4. 成事——惠帝在京城破后，不知所终，棣便即位，是为成祖，杀齐、黄等于市。方孝孺不肯草诏，诛十族。景清谋行刺，发觉后，乡里受屠，称为瓜蔓抄。迁都燕京，以应天为南京，燕京为北京，是南、北两京并立之始。

宦官之祸 ｛
（一）太祖——禁止宦官干预政治。

（二）成祖——因中官私通，遂得帝位，从此信任宦官，监军，出使，更设立东厂，使刺探外事，便开宦官干政的恶例。

（三）英宗——信任王振，亲征瓦剌，致有土木之变。

（四）宪宗——信任汪直，设立西厂，缇骑四出，屡兴大狱。

（五）武宗——宠任刘瑾，辱骂朝臣；后听张永的话，将瑾杀掉；又信任江彬，微服出游，致宸濠反于南昌，幸王守仁把他讨平。但帝终不改。

（六）熹宗——宠任魏忠贤，专横更甚，杀东林党人，毁天下书院；后思宗立，将魏忠贤杀掉，然已伏下明亡的因素。

（七）综明一朝，除英明的孝宗，刚愎的世宗以外，都受宦官的害。

党祸 ｛
（一）起源——顾宪成削籍归里，讲学于东林书院，后来孙丕扬、邹元标、赵南星等继起，时时批评朝政，公卿多与往还，东林党的声名遂大。

（二）反对 ｛
1. 宣昆党——宣城人汤宾尹，昆山人顾天埈，都收召门徒，干预时政，时叫它为宣昆党。

2. 言路上的三党 ｛
（1）齐党——亓诗教为首，燕人附之。
（2）楚党——官应震为首，蜀人附之。
（3）浙党——姚宗文等为首。

- 党祸
  - （二）反对 —— 3. 结合——以上诸党，互相依傍，以排斥东林党。
  - （三）三案
    - 1. 梃击
      - （1）事实——神宗时，光宗（常洛）为太子，有男子张差持梃入宫被获，说是要打杀太子。
      - （2）争论——东林党以为郑贵妃要使常洵为太子，令其弟郑国泰主使；非东林以为不过疯人行为。
    - 2. 红丸
      - （1）事实——光宗病甚，宰相方从哲荐李可灼进红丸，服后，翌日即死。
      - （2）争论——非东林谓进丸是忠爱，病死与红丸无关；东林则谓方从哲妄进医药，迹近弑逆。
    - 3. 移宫
      - （1）事实——熹宗年幼，光宗妾李选侍居乾清宫保护，左光斗请选侍移居，后迁哕鸾宫。
      - （2）争论——东林说移宫是正办，乾清宫本天子所居；非东林则谓不应逼迫母妃。
  - （四）勾结——时魏忠贤得宠，非东林因妒东林得势，便和忠贤勾结，一面杀杨涟、左光斗等十二人，一面将东林党人姓名，榜示天下，一面毁天下书院，使无处托足。
  - （五）影响——魏忠贤后为思宗所杀，但党争已成风气，名将如熊廷弼、袁崇焕，都因政府党见的牵制，不能久于其位，致满洲势焰日张。

盗贼
- （一）原因
  - 1. 加赋——武宗因建乾清宫，加征一百万，这为加征田赋之始；后来又有辽饷、剿饷、练饷等名目，总计明代加赋，先后近二千万。
  - 2. 矿税——神宗信任宦官，设立矿税与其他杂税，骚扰搜刮，达于极点。
  - 3. 秕政——官吏多贪财，人民已困苦，加以陕西大饥，又复裁驿，因此饥军驿卒，都附盗而为乱。
- （二）发难——饥民首先发难的为府谷的王嘉胤，和白水的王二；最强的为高迎祥，自称闯王。
- （三）蜂起——时群盗蜂起，匪目极多。延安的张献忠，自称八大王；米脂的李自成，自称闯将，联合为乱。
- （四）中衰——崇祯九年，高迎祥被擒，张献忠投降，李自成逃至甘肃，匪祸将告肃清，不料满清兵南下，剿匪军遂撤回，群盗又叛变。
- （五）兴盛——张献忠由湖广入四川，据成都，自称大西国王；李自成也由潼关陷西安，立国号曰顺，改元永昌，继由太原出兵，经大同、宣化、居庸关，直逼北京。三月，北京陷，思宗自缢于煤山，明计二百七十七年而亡。
- （六）消灭——吴三桂借清兵，败李自成，自成窜到湖广，食粮尽，被村民所杀；张献忠据四川，不久也死，余党先后降清，流寇平。

第十八章　明代之对外

第一节　蒙古

成祖 {
（一）鞑靼起源——元自退出塞外，屡次南下，终不得志；后为部下鬼力赤所夺，去国号，称鞑靼可汗，是为鞑靼的起源。
（二）元重兴——鬼力赤后为阿噜台所杀，成祖招之不降；后因瓦剌强盛，欲袭阿噜台，阿噜台转和明通款，成祖乃亲征，败瓦剌，瓦剌因恨之。到酋长脱欢时，袭杀阿噜台，拥立元的后裔脱脱不花为可汗，自为丞相。

英宗 {
（一）也先侵明——脱欢的子也先有雄略，遂大举南下侵明。
（二）土木之变——宦官王振劝帝亲征，措置乖方，战于土木堡，兵败被擒，是为土木之变。
（三）于谦设策——英宗被俘后，朝臣主张迁都，于谦力持不可，知也先想以英宗挟中国，因拥立景帝为君。也先进攻，于谦力守，不能胜，遂送还英宗而讲和。
（四）鞑靼中亡——也先杀鞑靼可汗，自称大元天圣可汗；后为部下所杀，鞑靼势再起，复立可汗。

宪宗
至世宗 { (一) 统一——宪宗末年，元后裔达延汗出，取河套，统一漠南北鞑靼诸部，自称大元可汗。
(二) 分裂——达延汗死，其子孙分为数部（见下表），就是后来内、外蒙古诸部的起源。
(三) 入寇——诸部中，俺答最强，屡入寇，严嵩竟主张弃河套，由是俺答得深入，直犯京师，寇祸益亟。

内、外蒙古世系表
达延汗
{
图鲁（漠南东半部）——卜赤——达赉——土蛮……察哈尔 ⎫
巴尔色（漠南西半部） { 究哩弼克（河套）……鄂尔多斯
                     俺答（阴山附近）……归化土默特 } 内蒙古
札赉尔（漠北）……喀尔喀 { 土谢图
                        车 臣
                        札萨克 } 外蒙古
}

穆宗
神宗时 { (一) 俺答归明——张居正为相，励精图治，适俺答孙把汉那吉因俺答夺其妻三娘子，怒而降明，俺答惧，因与明讲和，居正送把汉那吉归国，俺答益感服，誓不再犯边。
(二) 俺答信佛——俺答老年信佛，在万历五年，赴青海迎活佛归，是喇嘛教盛行内蒙古之始。
(三) 三娘子专权——俺答死，其妻三娘子，嫁俺答子黄台吉，又嫁孙彻里克，都掌握兵权，归顺明朝，明封为忠顺夫人，西部因此得安。
(四) 土蛮寇边——察哈尔部的土蛮，常来扰边，明用戚继光抵御，才不被侵入。

第二节 日本

倭寇
- （一）来源
  - 1. 海盗——元和日本构兵，禁止通商，日本经商海外的无利可图，遂流为海盗。
  - 2. 遗臣——元中叶后，日本分为南北朝；后南朝为北朝所并，南朝遗臣多私奔入海，和海盗混合。
- （二）猖獗——元末，倭寇时剽掠沿海；到明初方国珍、张士诚余党，与之勾结，从事劫掠，太祖因于沿海各地，设防倭卫所，以为防备。
- （三）中衰——日权臣足利义满当国，来明朝贡，成祖封为日本国王，协助中国缉捕倭寇，寇患稍衰。
- （四）复盛——义满死，倭寇复来，汉奸汪直，与之勾结，率倭船数百艘进寇，浙水东西，大江南北，均受其侵扰。
- （五）消灭——胡宗宪捕杀汪直，戚继光、俞大猷又大破倭寇，倭寇才平定。

朝鲜之役 ⎧
（一）追溯——朝鲜原隶属于元，明初，李成桂为王，受明册封，自是朝贡不绝。

（二）启衅——日本平秀吉（丰臣秀吉）既统一国内，欲假道朝鲜以攻明，朝鲜不应，遂遣师入朝鲜，掳王子，肆焚掠。

（三）战争——明援朝鲜，命李如柏为将，败日本于平壤，收复汉江以北之地，恃胜而懈，于碧落馆为日兵所败。

（四）和议——明败后，已主抚，适秀吉使至，明神宗许封不许贡，因封秀吉为日本国王。秀吉意在借贡以通商，今不许，意未满，欲割朝鲜地，不肯退兵，和议未成。

（五）平定——明增援兵入朝鲜，与之相持，朝鲜水军亦得胜，而秀吉又死，倭兵乃退去。

（六）影响——中国损失甚大，但朝鲜因此益亲明，视明如父，视日本如仇了。

第三节　安　南

安南叛服
- （一）追溯——安南国王陈日焜，为其宰相黎季犛所篡，黎氏自立为王，国号大虞，奉表于明，诈称陈氏嗣绝，仅有其子黎苍为陈氏婿，成祖即封苍为安南国王。
- （二）启衅——陈氏旧臣裴伯耆来告难，老挝又获故王族陈天平来明，请兵复仇，成祖责黎氏，黎氏佯请罪，迎天平回国，成祖遣兵送回，便给黎氏伏兵杀掉。
- （三）收复——成祖令沐晟、张辅分道出广西、云南讨平之，遂立交趾布政司，将安南收入中国版图。
- （四）复叛——在安南的官吏，多贪婪不法，民多怨恨，陈、黎二姓的子孙，又常反叛；到后来，再任黎氏为安南国王，不复设布政司。

第四节　西洋

郑和下西洋
- （一）动机
  1. 靖难之役，惠帝不知所终，成祖以为逃在海外，令郑和往觅。
  2. 成祖欲宣扬威德，所以遣使异域。
- （二）名称——郑和，云南人，小名三保，时称为三保太监。明称南洋及印度洋等地，叫作西洋。
- （三）出发——郑和率士卒二万七千八百人，大船六十二艘，从苏州刘家港出发，由福建到占城，以次遍历西洋诸国。
- （四）总计——郑和经成祖、仁宗、宣宗三朝，航行西洋七次，计共走过四十多国，南到爪哇，西到红海，西南到非洲东岸。
- （五）三擒酋长——三佛齐的陈祖义，锡兰岛的亚列苦奈儿，及苏门答腊的王子苏干剌。
- （六）影响——中西人士，因此得多接触，华侨自此遍于南洋群岛。

海外殖民
- （一）菲律宾——闽人林旺，在元时到菲律宾，教以耕稼，菲人暂由游牧生活，进至耕稼生活。且现在菲人，多半为我国人和马来人的混种。
- （二）麻叶瓮——元初史弼占爪哇，遭风船破，其病卒留养于麻叶瓮，我民族因繁殖于其地。
- （三）三佛齐——梁道明于明初联合在三佛齐的我国侨民，力抗爪哇，据而有之。
- （四）握经济权——南洋一带，闽、粤人移殖的很多，即至现在，经济权还在我国侨胞之手。

第十九章　元明之文化

第一节　理学

元 ⎰
- （一）造端——耶律楚材，字晋卿，以周、孔之教说元太祖，为蒙古造新历，立礼仪，定赋税，制符印，引导文化之功甚大。
- （二）北方——元太宗令姚枢搜访人才，得赵复（字仁甫，称江汉先生），以程、朱之书教士，北方始知有道学；姚枢又以程、朱出授许衡（字平仲，称鲁斋先生），遂为有元大儒。
- （三）南方——金履祥（字吉父，称仁山先生）、许谦（字益之，称白云先生），皆习程、朱之学教授于南方。
- （四）概况——元代理学，传朱派的由许衡等，传陆派的有吴澄，但澄仍力谋朱、陆的融合，唯功利派因元高压汉族，因之无传人。

明 {
　（一）变迁——明初特崇朱学，政府所编的书，概以程、朱之说为标准，所以明代前半期，终逃不出朱学范围，到王守仁出，遂成一新时期。
　（二）分派——明儒学派，名目繁多，总括起来，可分为河东、姚江两派。
　（三）河东派 {
　　1. 首领——薛瑄，字德温，号敬轩，河津人，因河津在河东，故称河东派。
　　2. 主张——躬行复性，尝谓自朱子后斯道大明，不必再有著作，意在墨守程、朱的学说。
　}
　（四）姚江派 {
　　1. 首领——王守仁，字伯安，尝读书于阳明洞中，世称阳明先生。余姚人，因姚江在余姚县南，故称姚江派，也称为王学。
　　2. 主张——主张"致良知"及"知行合一"之说，他以谓人人有不学而知的良知，只要将良知放大起来，即知即行的切实做去，自然合于道理。
　　3. 利弊——其利为解放思想，弊则到了末流，多高谈心性，不求学问，竟有成为放荡狂妄的人物。
　}
}

第二节　文学

曲
- （一）变迁——唐诗因格式过于整齐，不便歌唱，解放而为长短句的词；词经五代至宋而大盛，便成宋代文学的特色；到了元，歌唱的音调，更加复杂，词又不合于歌唱，由曲来代替，曲就成为元代文学的特色。
- （二）北曲
  - 1. 代表——元时，王实甫的《西厢记》，可为北曲的代表作。
  - 2. 特点——多一人独唱，音调亢急，宜弦索。
- （三）南曲
  - 1. 代表——元末明初，高则诚的《琵琶记》可为南曲的代表，汤显祖的《玉茗堂四梦》尤有名。
  - 2. 特点——每出彼此递唱，更有在末尾合唱的，音调柔靡，宜笛色。
  - 3. 演变——明季，南曲又演变而为昆曲，通行到今。

散文
- （一）古体文——明茅坤选韩、柳、欧、曾、王及三苏为唐宋八大家文，因此散文便有一成不变的格调。
- （二）语体文
  1. 唐代高僧的语录，多用白话；宋的理学家，也就沿用这体裁，便开了语体文的新纪元。
  2. 元时以蒙人文化低陋，只能了解俗语，语体文遂成为宋、蒙人共用的工具。
  3. 宋的诗词，已参用俗语，北曲和南曲，都以语体文为主。
- （三）八股文——明太祖定考试文体，叫作制艺，以《四书》出题，解释须用朱注，每篇前后，都要对比，叫作八股文。

诗
- （一）元——以元好问、虞集、萨都剌等为最有名。
- （二）明——明初有高启，后又李东阳，再后有李梦阳等前七子、李攀龙等后七子。

章回小说
- （一）起源——宋仁宗喜听奇事，每日进讲，头回之后，继以话说；汴京民间杂技中，也有说话一项，执此业的叫说话人，书叫话本，大概捏造真假故事而成，章回小说即源于此。
- （二）代表——元代施耐庵的《水浒传》，明代罗贯中的《三国演义》最有名。

第三节　艺术

书画
- （一）书
  - 1. 变迁——唐时结体多方整板重，宋已以自然流动为主，到了元、明，益流于生动。
  - 2. 代表——元赵孟頫，明文征明、董其昌。
- （二）画
  - 1. 变迁——宋的绘画，不脱唐人的范围，到了元、明，始以写意画为主，画风为之一变。
  - 2. 代表——元黄公望、倪瓒，明王冕、沈周、唐寅等。

伎巧
- （一）乐器——元代的兴隆笙，为批霞那（管风琴）之最先见于中国。
- （二）明于江西景德镇设御窑，历代烧瓷，从成祖到神宗，名色繁多，花样精妙。

第四编 近世史

第一章 清代之勃兴

女真三卫 {
　(一) 追溯——金国灭亡，女真遗族仍散布于现在吉林省内外。明初，分立卫所，对于酋长，有绝对主权，赏罚悉由朝命，最著名的是下列三卫：

　(二) 三卫 {
　　1. 野人卫——初时最强，常侵掠二卫，使他们迁徙不定。
　　2. 海西卫——扈伦四部 { 叶赫部。 哈达部。 辉发部。 乌喇部。 }
　　3. 建州卫——猛哥帖木耳（孟特穆）——叫场（觉昌安）——塔失（塔克世）——努尔哈赤。
}

努尔哈赤崛起 ┤
（一）追溯——建州卫里，有许多部落，其另一酋长阿太章京为叫场孙婿，因叛明，为明将所围，叫场父子入城，劝其降明，不从，俱为明将所杀；后知其冤，将叫场等尸送还努尔哈赤。

（二）兼并——初灭尼堪外兰，统一建州卫，次尽收鸭绿江到长白山之地，威振一方，东掠野人卫，西降蒙古科尔沁诸部，更并吞扈伦四部，自称满洲汗，都于兴京（辽宁新宾县）。

（三）叛明——初借明力，得逐渐强盛；称汗后第二年，始以七大恨告天，与明为敌。明令杨镐为经略，分四路出师，兵十余万，三路皆覆没，一路得还，建州自是不能复制。

（四）建国——陷辽阳、沈阳，努氏遂入沈阳建都，改名盛京，国号为后金。

（五）死亡——努氏想进占辽西，时明将袁崇焕守宁远，部署有方，努氏攻之不克，受伤死，史称为清太祖。

皇太极武功

（一）即位——努氏子皇太极继金汗位，和其兄代善、莽古尔泰同座听政，号三尊佛；后莽古尔泰黜降，代善退让，于是皇太极独尊，改元天聪，史称清太宗。

（二）灭元——元的后代林丹汗，势颇强，皇太极先诱其部落来降，然后出兵伐之，林丹势孤，率众西走，后竟病死，其妻子率众归降，并献元代玉玺，元自此真亡，内蒙古遂全属后金。

（三）改国号——皇太极既得元玉玺，群臣又劝进，遂除金国国号，改称大清，追尊祖先为王。

（四）降朝鲜——朝鲜忠于明，不甘臣清，皇太极统师往攻，直入王都，国王奔逃乞降，皇太极乃登坛，使国王行降服礼而后退兵。

（五）破明兵——明将多干练，熊廷弼、孙承宗，既因廷臣牵制，一死一隐；袁崇焕又因思宗中皇太极反间计，被诛；洪承畴又为皇太极所降，遂能屡破明兵，俘掳河北、山东等人口北去，但不久，皇太极亦死。

统一中国 ┤
（一）入北京——明将吴三桂守山海关，闻李自成陷京师，思宗自缢，且夺其爱妾，便求救于清。时福临（清世祖）年幼，其叔多尔衮摄政，派军入关，席卷河北等地，定都北京。

（二）灭福王——明臣史可法等知思宗殉国，拥立福王由崧（弘光帝）于南京，清遣多铎南下，因马士英等误国，可法力战死，福王奔芜湖，亦被执。

（三）灭唐王——黄道周更立唐王聿键（隆武帝）于福建，张国维等奉鲁王以海监国于绍兴。时清廷下令薙发，汉人大扰，纷纷起事，先后为清兵所平，清兵乃入福州，斩唐王，鲁王亦逃，后病死。

（四）灭桂王——瞿式耜等又立桂王由榔（永历帝）于肇庆，转战于两广、云南等地，凡十余年；后桂王出奔缅甸，吴三桂进兵临缅，缅人送出桂王，为三桂所杀，明朝本部于是完全为清所有。

第二章　清代之武功

平三藩
- （一）来源——清太宗优待降将，多尔衮承其意，委文臣洪承畴，武臣吴三桂、尚可喜等平定南方。因满兵不耐南方风土，乃令平西王吴三桂镇云南，平南王尚可喜镇广东，靖南王耿精忠镇福建，这就是三藩。

- （二）原因——平西藩既将云、贵两省，为其势力范围，更以其部下为各省文武大员，又开矿煮盐，耿、尚二藩，也都奢靡放纵，清廷已想设法解决。

- （三）启衅——尚可喜因子之信凶暴，不能约束，上疏请归老辽东，清廷教他撤藩回北，三桂、精忠亦请撤藩，试清廷意志，康熙帝许之，三桂大失望，便发兵反。

- （四）战争——三桂移檄天下，改元为周，精忠首先响应，贵州、广西、四川、湖南、广东相继陷，诸省响应，声势大振，满洲诸将不敢前。三桂欲划江为国，令诸将勿北进。

- （五）平定——康熙帝调度得宜，先定陕、甘，继复赣、湘，三桂走回云南病死，清遂取云南，其他各省亦先后平定。

平台湾 ⎧
⎪（一）郑芝龙——唐王在福建时，芝龙阴通于清，成功力谏不听。清兵入闽，芝龙迎降，成功
⎪　　　　　　　遁据海岛。
⎪（二）郑成功——初名森，字大木，后改名，连攻舟山和福建诸府，声势俱振；后又从崇明入长
⎨　　　　　　　江，破镇江，陷南京，为清兵所袭，收兵入海，攻取台湾，明的遗臣多附之。
⎪（三）郑经——三藩反时，经曾出兵响应，因和耿精忠不合，遂无功；三藩平后，仍退台湾。
⎪（四）平定——经死后，因立嗣而后发生内讧，清将施琅乘机进攻台湾，掳郑氏，置台湾府道，
⎩　　　　　　使属福建。

平准噶尔 ⎧
⎪（一）名称——蒙古以西，天山以北，明为瓦剌所居地，自其酋也先死后，其地分为四部，
⎪　　　　　　一为和硕特，二为准噶尔，三为杜尔伯特，四为土尔扈特，总称厄鲁特蒙古。
⎪（二）追溯——清定内蒙古后，外蒙古的喀尔喀三部，也来朝贡，惟厄鲁特蒙古未附。
⎨（三）噶尔丹为汗——厄鲁特蒙古中，准噶尔最强，及噶尔丹为汗，统率兵士，征服三部，
⎪　　　　　　　　　统一厄鲁特全部，不久又定天山南路的回部，才统一天山南北，并有青海科布多的
⎪　　　　　　　　　地方。
⎪（四）启衅——噶尔丹侵略外蒙的喀尔喀三部，喀尔喀不敌，投漠南降清，噶尔丹更并有漠
⎩　　　　　　北，南下和清相抗。

平准噶尔 {
（五）死噶尔丹——清圣祖屡破其军，适噶尔丹的策妄阿布坦崛起伊犁，阴和清通，噶尔丹腹背受敌，仰药自杀，喀尔喀遂回旧牧，阿尔泰山以东地，尽入统治。

（六）破策妄——策妄骁勇，率准部侵藏，圣祖命大将屯青海，破准部兵，断绝准藏交通，于是清兵戍藏。

（七）平青海——清初，青海厄鲁特最强，自固始汗后附清，从此不复立汗；及其孙罗卜藏丹津外结策妄，内诱诸部叛清，世宗命年羹尧、岳钟琪进攻，罗卜逃依准噶尔，青海各部落纳入清朝统治。

（八）破策零——策妄死，其子策零立，大破清兵，进袭喀尔喀，被土谢图汗的属部赛音诺颜的策棱亲王所破，准部与外蒙讲和，以阿尔泰山为界，世宗析外蒙各旗，增赛音诺颜部，以封策棱。

（九）平伊犁——策零死，达瓦齐立，内讧骤起，高宗命将直赴伊犁，由降将阿睦尔纳为向导，执达瓦齐，并获罗卜藏丹津，准部以定；但阿睦尔纳怨赏薄，复叛，高宗命兆惠往讨，阿氏逃俄，病痘死，准部相继死于痘疫兵燹，存者无几，天山北路，从此也入被平定。
}

平回部 {
- （一）由来——新疆的天山南路，元时为成吉思汗次子察合台领土的一部；明初，其后裔曾建喀什噶尔汗国；到了明末，喀什噶尔汗衰，政权被回部掌握。
- （二）分派——回部分白山宗，亦称白帽回；黑山宗，亦称黑帽回，两派。
- （三）大小和卓——回部有波罗尼都、霍集占二人，号大小和卓。准部衰，阿睦尔纳利用大小和卓，统治天山南北。
- （四）平定——清军定伊犁，和卓兄弟仍以天山南路抗清兵，清将兆惠便移兵南征，将他平定，于是天山南、北路都已平定。
}

平西藏 {
- （一）关系——清太宗时，西藏达赖首致丹书，称太宗为曼殊师利大皇帝；到世祖，达赖又来朝，遂封为西天大善自在佛，以达赖、班禅分治前、后藏。
- （二）纷争——达赖五世死，和硕特部所拥立的达赖六世，与青海诸蒙古所拥立的达赖六世，又起纷争。
- （三）平定——准部策妄想乘机侵夺，杀了和硕特部的拉藏汗，幽禁和部所立达赖六世，想占有全藏，圣祖因发兵入藏，驱逐准部，迎立青海所拥立的达赖六世，西藏于是平定。
- （四）处理——世宗时，置驻藏大臣于拉萨，更率兵分驻前、后藏；高宗时，又立金瓶掣签的办法，以解决活佛转世的争执。
}

十全武功
- （一）意义——高宗十次用武，都能成功，叫作十全武功，分列于下：
- （二）两平准部——见前平准噶尔。
- （三）两平金川
  - 1. 改土归流——川、贵、云、广等省边境，清初仍沿元、明土司旧制，不过羁縻而已；到世宗时，鄂尔泰建议改土归流，废去土司，即用流官，由是云、贵、广西各苗疆，先后开辟。
  - 2. 第一次——大金川土司莎罗奔侵略诸土司，高宗派岳钟琪平之。
  - 3. 第二次——大小金川相连结，侵略各土司，高宗命阿桂往讨，遂俘两金川酋长，分置阿尔谷、美诺两直隶厅。
- （四）两平廓尔喀
  - 1. 第一次——廓尔喀在西藏南，人民武勇。高宗末年，进扰西藏，高宗命师往讨，约和而去。
  - 2. 第二次——后来又入后藏，大略财物，高宗命师深入，直迫其都，受降而还。
- （五）平回部——见前平回部。
- （六）平台湾——高宗时，台湾的天地会起事，派兵平之。
- （七）平缅甸
  - 1. 缅甸屡寇边，清命傅恒等深入，缅人求和，遂罢兵，遣使入贡。
  - 2. 暹罗初被缅人攻入，汉人郑昭起兵逐缅兵，再兴暹罗。昭死，养子郑华继立，即今暹罗王室的始祖。
- （八）平安南——安南王黎维祁被匪阮文惠所逐，维祁求救，高宗命将入安南东京，反为文惠所袭，败还。文惠上表请罪，高宗封为王，后又亲来祝高宗万寿。

第三章　清初之政治

不立太子
- （一）特点——中国历朝都以立太子为重要，独清朝不然。
- （二）推戴——清的太宗、世祖，都是临时推戴。
- （三）遗诏
  - 1. 圣祖是由遗诏而得立。
  - 2. 圣祖曾立太子，但各皇子结党倾轧，阴谋陷害，致太子再立再废；后世宗得立，亦由遗命。
- （四）密建——世宗既尽除兄弟们及其党，因思立太子的危险，将看中的皇子，写名封固，藏在乾清宫"正大光明"匾额后，皇帝死后，大臣开看，便为继位的皇帝。
- （五）例外——除高宗禅位于太子，以及穆宗、德宗无子，迎立亲王之子外，都仿照此法而行。

控制汉人政策
- （一）怀柔政策。
- （二）猜防政策。
- （三）汉人满化政策。

怀柔政策
- （一）原因
  - 1. 原因——明自加派田赋，有三饷名目（辽饷、剿饷、练饷），以致盗贼蜂起。
  - 2. 事实——清世祖入关，即除三饷加派；圣祖又定丁税永不加赋的例；世宗更将丁税并入地税，丁税几等于豁免。
- （二）尚文
  - 1. 开科——除原有科举外，顺治时的"山林隐逸"科、康熙时的"博学鸿儒"科、雍正时的"孝廉方正"科、乾隆时的"博学鸿词"科，都是收罗人才的方法。
  - 2. 著书——修《图书集成》《康熙字典》，以及《四库全书》等大书，以消磨士气；一面将进呈的书，有民族思想，不利于清的，加以改篡或销毁。
- （三）解放——世宗、高宗时，对于晋、秦的乐户，安徽的伴当及世仆，江苏的丐户，浙江的堕民，加以解放，视为平民。

猜防政策 {
　(一) 世祖 { 1. 严禁士子结会集社，以消弭反动。
　　　　　　 2. 借抗粮为名，竟将江南士绅一万三千余人，尽行褫革，并枷责鞭打。叶方蔼以探花而欠一文钱，也被黜革，致有"探花不值一文钱"之谣，这就是江南奏销案。
　(二) 驻防——圣祖派旗兵驻扎各重要都市，叫作驻防，以制汉人反动。
　(三) 文字狱 { 1. 私史案——庄廷鑨篡改朱国桢《明史稿》，刻板行世，中多指斥清政府语，为人告发，廷鑨戮尸，其弟廷钺坐死，一时撰序、刻工、卖书、买书的人，遭杀戮的共七十多人。
　　　　　　　 2. 戴名世案——名世著《南山集》，多采方孝标《滇黔纪闻》，中有排满语，版存方苞家。事发，名世寸磔，合族都弃市，孝标剉尸，亲族都论死，苞亦编旗下。
　　　　　　　 3. 此外如吕留良案，胡中藻案，王锡侯案，更不可胜述。
}

汉人满化政策 {
　(一) 薙发——清入关，即严令汉人薙发、易服，使和他们一样装束。
　(二) 编旗——明军降清的，编为汉军八旗，后又开汉人投旗的例，以得和满人享同等权利为号召。
　(三) 反汉化——满想控制汉人，不能不研究汉人文化，结果满人反而汉化。
}

诸帝概况 {
- （一）世祖——亲政后，任法严肃，清理刑狱，禁止宦官干政，颇能革除一时积弊。
- （二）圣祖——对内则与民休息，对外则大振国威，惟末年失之宽大，致吏治废弛。
- （三）世宗——以猛继宽，而于地方官吏，尤为注意，一时吏治澄清，但不免苛核，致人民侧目。
- （四）高宗
  1. 以蠲赋豁累，增赦起废，用宽大济雍正之严；复汰除僧道，督饬臣工，以猛纠康熙之宽，国势之盛，比于汉、唐。
  2. 因好大喜功，又乐巡游，兵备财用，俱形竭獗；晚年和珅用事，国政日非，已伏清室由盛而衰之机。
- （五）仁宗——虽诛和珅，饬官常，但积习难挽，加以连年河患，遂一蹶不振。
- （六）宣宗——初则曹振镛误国，继则穆彰阿揽权，终于外开鸦片战争之辱，内种太平天国之因。
- （七）文宗——虽能排穆彰阿，用曾国藩诸贤，但大局已糜烂了。
- （八）穆宗——立时年幼，由慈安、慈禧两太后听政，平定内乱，成同治中兴。
- （九）德宗——穆宗死，慈禧（慈安已死）利其妹之子载湉年幼，因立为帝，但国土日削；迨亲政后，即欲变法，事卒不成。
- （十）宣统——德宗无子，殁后，嗣其弟子溥仪为帝，由其弟载沣摄政，不三年，即逊位，清遂亡。
}

第四章　清初的交涉

第一节　中俄交涉

《尼布楚条约》

（一）追溯——俄国自十三世纪后，本为钦察汗国所支配，后来推翻钦察汗国，更开拓至西伯利亚。清初，俄人由西伯利亚至喀尔喀，和蒙古贸易，一面更筑尼布楚、雅克萨城，有南侵之势。

（二）战争——圣祖既平三藩，命彭春率兵，攻击抄掠的俄人，俄兵败走，毁雅克萨城；后俄兵复回，筑而坚守，清、俄开和议，不成，清兵向尼布楚，意在复战，俄人乃允订约于尼布楚。

（三）条约
1. 自格尔必齐河起，沿外兴安岭至海，凡岭南一带入黑龙江之溪河，尽属中国。
2. 流入黑龙江之额尔古纳河，河的南岸属中国。
3. 毁雅克萨城。
4. 允许通商。

（四）影响——设俄罗斯馆于北京，由俄派留学生至京学官话，商队得往来贸易，是俄为中西依正式条约通商的最先之国；后俄派使求改订商约，不成，留副使于京而归，是为外国使臣驻北京之始。

《恰克图条约》
- （一）原因——世宗初，俄又派人请订约，清乃遣使，会订《恰克图条约》。
- （二）条约
  1. 俄、中交界，自额尔古纳河岸，到齐克达奇兰，将楚库河为界，自此以西，将博木沙奈岭为界，而以乌特河为中立地。
  2. 以恰克图为两国通商地，俄商得三年一次至北京贸易，人数二百，留京期八十日（后改三年），往来当由官道。
  3. 北京俄罗斯馆，听来京的俄人居住，俄在京建教堂，中国予以补助，教徒可读经礼拜。
- （三）余波——高宗不愿俄在北京通商，令统归恰克图，又因俄人私收货税，而被窃马匹，以少报多，移文索赔，因绝市；后更通商，又因俄官庇护罪犯，俄民入边行劫，拒绝通商，综计绝而复通者三次。

第二节　中英交涉

中英交涉以前的情形
- （一）葡萄牙
  - 1. 来中国——明以前中西交通，多由阿拉伯沟通；到了明代，土耳其兴起，欧人东来，发生阻碍；后葡人迪亚士发现好望角新航路，交通遂便。到一五一六年，葡人拉斐尔·裴斯特罗来中国，是为葡人来中国之始。
  - 2. 租澳门——一五三五年，葡人赂都指挥黄庆，租借澳门为商埠，年纳租金二万两，经营贸易，是租借地之起源；后来中国又受贿赂，于澳门半岛狭处筑城，划城外地方给葡人。
- （二）西班牙——自哥伦布发现美洲，西班牙即占墨西哥，努力东进。一五六五年班将黎牙实比占领菲律宾群岛，以马尼拉为首府，即派使来中国，要求通商，为葡人所阻，不能如愿，但中国和马尼拉间的贸易，颇发达，墨西哥银洋即从此时输入中国。
- （三）荷兰——荷人到爪哇等岛后，即谋夺澳门，明和葡合力抵抗，乃退据台湾；后荷又进据澎湖，犯漳州、海澄，转入厦门，为中国巡抚南居益所败，仍遁回台湾；到了清代，荷曾助清攻台湾郑氏，所以清待荷人颇优。

中英交涉 ┫
- （一）追溯——明熹宗时英来澳门求通商，葡不允，以炮击之，英还击，毁其炮台，葡才允英出入澳门；思宗时，英舰至虎门，明守者发炮止之，两方遂激战，炮台陷，明乃允英通商，这是欧人以炮舰获得中国通商之始。
- （二）通商——清既优待荷人，英亦要求通市，再三交涉，在康熙二十三年，许英设商馆于广州，因广州税重，英向浙的舟山、宁波通商；乾隆时，浙海关税加重，英人又回广东。
- （三）失望——英使马戛尔尼来中国，要求推广互市地和减轻税则等六项，清政府强其竖贡船的旗帜，觐见须用叩头礼，而对于要求，概不允许，英遂大失所望。

原因 ┫
- （一）高宗的外交，专事猜防闭拒，采消极的办法，不如圣宗的豁达大度，留心外事，有积极的行动。
- （二）外装体面，内实畏葸，平时受贡，有事不加保护，属藩之丧失，乾、嘉时已开其端。

第五章　鸦片战争

鸦片输入 ｛
(一) 唐时，由阿拉伯人输入，名叫阿芙蓉。
(二) 明神宗时，由葡人垄断贸易，关税表中曾载鸦片的价值，但当时只作药品；明末以后，吸食渐多，遂为毒品。
(三) 清世宗时，输入顿息；到高宗时，东印度公司垄断鸦片贸易权，输入又盛；宣宗中叶，输入每年已达二三万两。

原因 ｛
(一) 原因 ｛
1. 英国遣马戛尔尼要求改善待遇六项，中国不允。
2. 英使阿美士德来中国，因争礼仪，两国都失望。
3. 广东订禁例，以防夷、汉交通，英觉不便，派义律交涉，又无结果。
4. 黄爵滋奏谓"以中土有用之财，填海外无穷之壑，易此害人之物，渐成病国之忧"；林则徐奏谓"数十年后，岂惟无可筹之饷，亦且无可用之兵"，宣宗便派林到广东查办。
5. 一八三九年林焚英商鸦片二万零二百八十三箱，并要各国具"夹带鸦片，船货充公，人即正法"的结，葡、美皆允，英独不允。

(二) 近因——英水手打死林维喜，英领事惩凶甚轻，中国遂驱英人，停止贸易。

事实 ├ （一）林则徐在任时 ┤
1. 一八四〇年英人义律统陆军，伯麦统海军，以攻广东，因林戒备严，英人不得逞。
2. 义律改攻福建，邓廷桢得林照会，预要于海上，英人大败。
3. 英舰转攻浙江，陷定海、乍浦等处。
4. 英又北侵天津，入大沽口，投书请和，提要求六项。

（二）林则徐革职后
1. 文武官吏劾林则徐开边衅，宣宗革则徐官，以琦善受英人的六项要求，遂派琦善到广东，办理交涉。
2. 琦善至广东，撤守备，英人以其可欺，在开议未决时，陷虎门炮台。琦善允割香港，偿烟价等款，英尚未满意，清宣宗亦怒，革琦善职，派奕山率兵讨英人，未胜。
3. 英进迫广州，重占舟山，又陷厦门、上海，入镇江，直抵南京城下。
4. 清派耆英、伊里布、牛鉴为全权大臣，与英订约，一切惟英人之命是听；后在一八四三年五月批准，这即是有名的《南京条约》。

《南京条约》
- （一）条件中重要款项
  1. 赔英军费一千二百万元，商欠三百万元，鸦片价六百万元。
  2. 开广州、厦门、福州、宁波、上海五港为通商口岸。
  3. 割让香港。
  4. 战役中为英军服务之华人，一律免究。
  5. 中英交际仪式，彼此平等。
- （二）附录
  1. 耆英又于一八四三年九月，在虎门续订补遗条约十七条，作为《南京条约》的附录。
  2. 订定值百抽五的关税税率，为协定关税之始。
- （三）影响
  1. 清政府改自大的态度，为畏葸的迁就政策。
  2. 美、法两国援英国成例，先后订《中美天津条约》《中法北京条约》。
  3. 清初葡人恐法夺其保教权，不许来华法教士乘葡船，现在《中法北京条约》中，确定法人保护传教，法人的希望，终于达到。
  4. 鸦片之公然贩卖。
  5. 居留地之起源。
  6. 裁判权之让出。

第六章　太平天国之革命

第一节　太平以前的内乱

白莲教 ｛
- （一）教义——这教乃糅合佛、道两教而成的秘密团体，以烧香、治病、吃斋为名，造作经咒，招集徒众，收取财物。
- （二）追溯 ｛
  - 1. 元末——韩山童以白莲会起事，头裹红巾，号称红巾军，明太祖就从红巾军出身。
  - 2. 明末——蓟州人王森倡白莲教，谓得妖狐断尾，有异香，人皆闻香归附，自号闻香教主，被捕死于狱，其徒徐鸿儒起兵山东，兵败处刑。
- （三）支派——白莲教支派甚多：一为八卦教，首领为乾隆所捕，死于狱；一为清水教，首领王伦，自言枪炮不能近身，因起兵山东，被击败，自焚死；一为清茶门，王森后裔，改闻香教为清茶门，传到嘉庆时，已有十辈。

白莲教
- （四）骚扰及平定
  - 1. 乾隆末年，白莲教徒首领刘之协奉河南王发生为明裔，事闻，搜捕党魁，各州县逐户查缉，人民惶扰。
  - 2. 湖北白莲教徒揭出"官逼民反"四字，首先起事，接着四川、陕西都成战地，官兵追剿，日久无功。
  - 3. 和珅当权，统兵官多行贿赂，并不认真打仗；到乾隆殁，和珅死，任得力将领，乱遂平定。
- （五）影响——是役前后计九年，耗去军费达三万万两，实为清代由盛而衰的一大转折。

八卦教
- （一）首领——林清、李文成共为掌教，林称天皇，李称人皇，林清所掌又名天理教。
- （二）作乱
  - 1. 李先在河南起事，山东、河北的党徒都响应，后来兵败自焚死。
  - 2. 林令太监引党徒进宫，斩关直入，究因人少事败。
- （三）影响——嘉庆帝说："这是汉、唐、元、明以来未有之奇变。"本来，盗匪劫宫，还是中国史上第一次。

第二节　太平天国之革命

太平军之兴 {

（一）原因 {
1. 满、汉仇视，因满人以战胜者自居，处处压迫汉人，因此有秘密社会（三点会等），想做民族革命。
2. 清廷酷虐，屡兴文字狱。
3. 官吏贪暴，剥削人民，致谋生乏术，遂铤而走险。
4. 外力压迫，政府但知割地与人，遂由失望而生仇恨，于是有太平天国之起事。
}

（二）起事 {
1. 花县洪秀全，幼丧父母，读书不第，卖卜江湖，后因朱九俦在广州创上帝会，才和冯云山师事之；未几，杨秀清、韦昌辉、萧朝贵、石达开、秦日昌都来依附，乃设秘密机关，名三合会或三点会。
2. 以上帝为天父，耶稣为天兄，秀全自己配其中，成三位一体，而以"平等""博爱"耸人听闻，令其反对满族的阶级专制。道光末年，人数至二千余人。
}
}

太平军之兴 ｛
(二) 起事 ｛
3. 一八五〇年两广大荒，秀全便起兵于广西桂平的金田村，因清的官吏意见不一，遂声势扩大，至次年遂占永安，立国号曰太平天国。

4. 秀全自称天王，封杨秀清为东王、萧朝贵为西王、冯云山为南王、韦昌辉为北王、石达开为翼王，连兵北上，陷长沙、岳州，出洞庭，直下长江，遂东下占江宁，改名天京，定为国都。各国政府，认为革命军，正式和清成对峙的局面。

(三) 改制 ｛
1. 开科举，分男、女两榜，提倡男女平权，改易衣冠，以恢复汉人固有的习惯。

2. 禁止妇女缠足、买娼、置妾、贩奴等陋俗。

3. 建公田制度，分田为九等，男妇十六以上者受田，禁止土地私有。

4. 改历法，以三百六十六日为一年，单月三十日，双月三十一日。

太平军之亡
- (一) 原因
  1. 定都南京，实为失败之因。倘从罗大纲言，先定河南，然后会师北伐，何致失败？
  2. 民族思想不敌为臣当忠的观念，且西教色彩太重。曾国藩檄文中说毁庙残像，虽孔圣、关、岳，都不能免，实足以激动人心。
  3. 各王日事骄恣，东王尤甚，且欲夺王位，天王乃使北王杀东王，又恐北王骄横，令人杀之，翼王领兵逃去，西王、南王先已战死，首事诸王既尽，基本军队无形消灭。
- (二) 事实
  1. 曾国藩办理团练，组成湘军，又创水师，以相呼应，更力除积习，军事遂有起色。
  2. 秀全初命林凤祥等，北出河南、山西以逼京师；又命胡以晃等攻安徽、江西，以争长江上游，后皆为清所败，太平军只能退守江、浙一带。
  3. 秀全自五王死后，只有陈玉成、李秀成二人，尚能谋战。后玉成死，秀成又厄于秀全兄弟，事更不可为。
  4. 国藩命李鸿章练淮军，利用外将，恢复苏州；左宗棠亦平定浙江。秀全知事不可为，服毒死，李秀成立其子福（初名天贵，后改天贵福），不久国藩弟国荃破南京，秀成被擒。
  5. 翼王逃去后，从江西入湖南，深入四川，后为骆秉章所擒杀。

太平军平后之影响 ｛
（一）太平军所到的地方，共计十六省，战事共历十五年。

（二）因曾借外兵，迨乱事告平，即予外人以特殊权利；且太平军统治江、浙时，清的官吏无权，各国乘机，才有会审公堂等制度。

（三）上海海关官吏，因乱逃避，外人令华特管理，成绩甚好，清令其继续办理，并且令各处海关，陆续聘请外人，关税的权柄，遂完全掺诸外人之手。

（四）清初歧视汉人，至曾国藩平太平军，实权已在汉族，但曾不欲揽权，汉族势力尚未甚盛；及李鸿章继曾后，朝廷一切大政，及与各国交际，都征李之同意，汉族权遂大，是为汉、满兴衰的关系。革命军起，满族不能不用袁世凯，实种因于此。

第三节　太平天国后之内乱

捻军
- （一）意义——乡农于农隙，捻纸燃脂，做成龙的形状，叫作捻；后来游民集人拜捻，人众一多，就有吓、诈等事，做盗匪的勾当，叫作捻军。
- （二）首领——本为张洛行和李兆受，李秀成因北征军失败，便招抚捻军，骚扰北方；后清令僧格林沁进攻，张洛行被杀，李兆受亦降，迨太平军败，余党加入捻军，声势又盛。
- （三）分支——捻军自张洛行死，有四大首领，僧格林沁欲消灭之，穷追中伏而死，捻军势又盛，分为两支：一从河南入陕西，叫作西捻，首领张总愚；一从河南入山东，叫作东捻，首领为任柱、赖文光等。
- （四）平定——曾国藩受命平捻，定圈制之法，未能平定；李鸿章继任，仍用曾法，节节进逼，任柱被杀，赖文光被擒，张总愚投水自尽，遂得平定。

第七章　英法联军与中俄交涉

第一节　英法联军之役

原因
- （一）远因
  1. 鸦片战后，外人窥破中国的弱点。
  2. 国内有太平天国之内战。
  3. 《南京条约》中，广州常开商埠，因粤人排外，阻止英人入城，英不得已，另订《广东通商条约》。
- （二）近因
  - 英国方面
    1. 亚罗为挂英国旗的中国商船，因载海盗，水兵上船捕盗，便将英国降于甲板上。
    2. 英领事巴夏礼致书叶名琛，叶不答，便攻陷广州，以未奉英政府宣战命，不久自退，粤人便以为英畏怯，烧毁英、美、法商店。
  - 法国方面——广西西林杀死两法教士，法皇拿破仑三世正想立功海外，英、法便联军东来。

第一次和战
- （一）战——一八五七年，联军攻广州，粤督叶名琛不设备，广州再陷；次年即攻陷大沽，清廷因无备，不得已派桂良、花沙纳为媾和全权大臣，和英、法订《天津条约》。
- （二）和——重要条文为：一、除五口外，更开营口、烟台、台湾、汕头、琼州五港，长江一带，待太平军定后，再选开三处（后开镇江、九江、汉口三处）；二、允许教士入内地传教，英、法人民到内地游历，商船航行内河；三、侨民犯罪，由英、法领事审理，若中、英人民发生交涉，则会同审理；四、减低关税；五、赔偿英、法军费各二百万，英商损失二百万两。

第二次和战
- （一）战——清廷悔约，英、法再组联军，先陷定海，继由北塘登陆，进据天津，僧格林沁战于张家湾，大败，文宗逃热河，联军进北京，焚圆明园，清派奕䜣讲和，由俄使调停，订《北京条约》。
- （二）和
  1. 实行《天津条约》。
  2. 再开天津为通商口岸。
  3. 割九龙半岛给英国。
  4. 改增赔偿英、法军费各八百万两。

影响 {
（一）关税协定——此次订约后，更为确定，从此关税不能自主。
（二）内河开放——长江流域，几无国防可言。
（三）领事裁判权——从此更确定。
（四）最惠条例——因约中有"利益均沾"字样，此后各国，可援他国因战胜而得的权利，同样享受。
（五）俄、美援例——俄因调停之功，索得大利；美亦于咸丰八年，订《天津条约》三十款，大体和英约相同。
}

第二节　中俄交涉

《瑷珲条约》 {
（一）原因——鸦片战后，俄知中国易欺，于是乘太平军、英法联军侵华的机会，派兵由黑龙江过松花江直达乌苏里江。一八五八年，清派奕山与俄穆拉维约夫会议于瑷珲，重订条约。

（二）条文 {
1. 割黑龙江北岸雅克萨一带为俄国领地。
2. 从乌苏里江到东海岸，作为中、俄两国共管的区域。
3. 黑龙江、松花江、乌苏里江的航行权为中、俄两国所共有。
}

（三）影响——《尼布楚条约》所定外兴安岭以南的地方，完全割让于俄国。
}

- 中俄
  - (一)《天津条约》
    - 1. 原因——中国和英、法订立《天津条约》，俄也援例订约十二条。
    - 2. 条款——允俄国由海道到上海、宁波、福州、厦门、广州、台湾、汕头七处通商，又得东部西伯利亚地方。
  - (二)《北京条约》
    - 1. 原因——英、法联军陷北京，俄以调停有功，又再订《北京条约》十五条。
    - 2. 条款——割黑龙江以北、乌苏里江以东一带地给俄，作为报酬，先后两次，俄得地一百四十多万平方千米。

- 伊犁交涉
  - (一) 原因
    - 1. 一八七一年，俄人借口维持商务，派兵占据伊犁，清向俄责问，俄答以清的威令能行于天山以北，即当退还。
    - 2. 左宗棠既平陕西，即派刘锦棠督军入新疆，收复乌鲁木齐（迪化），进取南路，阿古柏兵败自杀，其子犹守喀什噶尔，左又进兵取之，因立新疆为省，而向俄索还伊犁，俄仍不交还。
    - 3. 一八七二年，清派崇厚使俄，索还伊犁。崇厚受俄人的迫胁，允偿兵费五百万卢布，又许割伊犁南部特克斯河上流两岸地给俄。清否认崇厚有割地权，俄图以兵力威胁，时左宗棠竭力备战，有一触即发之势。
    - 4. 英人竭力调停，乃派曾纪泽至俄议约，经六个月长期的交涉才订立《伊犁条约》。
  - (二) 条约
    - 1. 中国偿俄国军政费九百万卢布，俄即将伊犁归还中国。
    - 2. 争回特克斯河流域，改以伊犁西部霍尔果斯河以西地方让俄。

第八章 西南藩属之丧失

第一节 中法战争和安南之亡

安南概略
- （一）疆域——安南在本国称大南皇帝，中国为北朝，仍然受中国册封，分国中为数十省，建国都于顺化，顺化以北诸省为北圻，顺化以南为南圻。
- （二）国号——新阮阮光平为王后，不久旧阮阮福映在暹罗，借法兵灭新阮，统一安南，改国号为越南。
- （三）与法龃龉——旧阮得国后，因法有革命，未能得利权；后借口越南杀法教士，便派兵夺其西南各省，南圻主权，全在法人之手。
- （四）中国平乱——黑旗首领刘永福受越南招抚，破黄旗首领黄崇英，又屡败法兵，法人患之，清因法利用边盗，恐其内犯，遂会同刘永福，擒黄崇英，及法国炮匠等。
- （五）法越订约——法越订约，已有多次，在一八七四年，订《亲善条约》，法认越南为独立国。中国抗议，法置之不理，今见中国兵代越平内乱，乘中国兵退后，即以兵力压迫越南，越不得已，和法订《顺化条约》，承认为法保护国。

- 中法之战
  - 第一次
    - 战
      1. 清知《顺化条约》成，且越南上表求救，一面命刘永福尽力攻法，更命岑毓英进兵谅山，保守北圻，一面并向法政府抗议。
      2. 法兵来攻，官军溃退，北圻悉陷，仅余谅山一地。
    - 和——李鸿章乃与法使福禄诺订约，承认法、越二国所结之约，并撤兵入关。
  - 第二次
    - 战
      1. 法兵来接收谅山，中国军因未奉命令，将法兵打败。
      2. 法人又开战，派海军陷台湾、福州，但台湾即为刘铭传收复，法将孤拔被创死。
      3. 法陆军夺谅山，进陷镇南关，广西提督冯子材率粤军作殊死战，遂复镇南关，大败法军。
    - 和——法军锐气大挫，和中国媾和。清廷因不明前方战情，竟承认安南为法保护国，并在中国边界内开辟两个通商口岸。

第二节 缅甸、暹罗之丧失

缅甸
- (一)灭亡
  1. 缅甸和印度接境,道光初,印度并于英,缅甸南部,亦即为英所有。
  2. 一八八六年,英人进兵,攻陷缅甸都城,占领其地。
  3. 清命曾纪泽抗议,英承认代缅甸向中国纳贡,中国鉴于中法之战,不敢与争,缅甸从此亡。
- (二)交涉
  1. 原由——英既得缅甸,更想侵入云南,于是发生滇、缅分界问题,订立滇、缅境界及通商条约二十四款。
  2. 重要条文——(1)北纬二十五度三十五分以南,以尖高山及湄公河两岸为两国境界;(2)北纬二十五度三十五分以北之边界,俟异日勘定;(3)永昌、腾越边界外之隙地归英,孟连、江洪二地归中国,但不先与英国议定,不得让与他国。
  3. 影响——(1)因后来中法订约,将江洪让与法国,英更向中国要求利权,而有中英新协定;(2)因勘界未定,便发生英占片马及江心坡的事件。

暹罗
- （一）追溯——暹罗在清初，已来归顺；康熙、乾隆时，都赐它匾额，但和缅甸有夙仇。在乾隆三六年，缅人破暹都，逐暹王，幸华侨郑昭，在海滨起义，逐缅兵出境，建新都于盘古；后郑昭被刺，子郑华讨贼即位，清封为暹罗国王，即现在的暹王的始祖。
- （二）独立——自英并缅甸，法并安南，暹罗介于两大之间，时受侵掠。到一八九三年，英、法始成立协约，分割暹罗所辖南掌地方，许暹罗独立，于是中国和暹罗断绝关系。

第三节　藏边藩属之分离

哲孟雄
- （一）哲孟雄在乾隆末年，内附中国。
- （二）英并印度后，想由哲取道，侵入西藏，便往往发生冲突。
- （三）光绪间，英于其地设统监，以掌握政权。
- （四）光绪十六年，中、英缔印、藏协约，承认哲为英属土，哲遂亡。

不丹
- （一）不丹在同治时，曾出兵袭印度，为英所败，割地请和。
- （二）民国前二年，英与不丹订约，以不丹外交，归英指导，清廷抗议，英不承认，且不许中国干涉，清无如何，遂成英的保护国。

廓尔喀
- （一）廓尔喀因受英侵略，乞清廷援助，清不理，遂附于英，但仍入贡清廷。
- （二）不丹事起，英并廓尔喀，亦不承认为中国属邦，清廷无如之何，遂亦认为英保护国。

第九章　中日战争

第一节　战前之日本

琉球之亡 ｛
（一）琉球自明至清，世受册封，但琉球又属于九州的萨摩藩，不使中国人知其为两属之国。
（二）琉球人漂流至台湾，为生番所杀，日本向清廷交涉，清廷推诿，日遂往征生番，且将觊觎台湾，清遂认日本出兵正当，偿银五十万两，日本撤守兵，从此中国为日本所轻视。
（三）光绪五年，日本遂废琉球国，以为冲绳县，琉王抗拒，日竟执之归东京，清廷抗议无效，由美总统调停，清遂退让，琉球遂亡。

朝鲜交涉
- （一）执政——同治时，朝鲜国王李熙年幼，生父李罡应当国，号大院君，生性顽固，排斥外人，时与各国冲突。
- （二）分党——朝鲜执政，本分两派：一为守旧党，李罡应为首；二为开化党，金玉均为首。光绪七年，李氏失势，新党奉外戚闵氏为中心，实行改革。
- （三）中国驻兵——李鸿章因李罡应杀日人崛本，乘日兵未集，一面押解李罡应到中国，一面整顿朝鲜，并派兵三千，驻在韩京内外。
- （四）日本驻兵——日公使领兵到朝鲜，缔结条约，除惩凶、抚恤等外，许日兵驻朝鲜。
- （五）骚扰——开化党勾结日人，劫持韩王；时袁世凯驻韩，护卫王宫，击走日兵，开化党劫韩王至日营，韩王逃至中国营，袁世凯将其送回王宫。
- （六）结约——朝鲜事，日人想得一解决，派伊藤博文来华，和李鸿章订立《天津条约》，两个同时撤兵，若有事派兵，须预先通知。

第二节　战争及合约

战前情形
- （一）朝鲜政权，自归旧党后，政治日非，东学党便乘机作乱。中国应朝鲜之请，领兵至韩，一面照约通知日本，日本亦出兵，东学党完全散去。
- （二）韩乱既平，中国约日同时撤兵，日不允，反压迫韩人，令宣布中、韩所订条约一律作废，且中国运输兵船，为日击沉，中、日两国遂宣战。
- （三）中国方面，因仓猝应战，本无预备；日本则处心积虑，欲以一战而霸，所以乘机寻衅。

战争概况
- （一）平壤——牙山孤露，受日兵威胁，中国兵遂退平壤，一经战争，统帅叶志超遁走，左宝贵中弹死，马玉昆虽善战，仅能全师退归，从此中国陆军，全在鸭绿江以西。
- （二）黄海——中司令为丁汝昌，日司令为伊东祐亨。中海军丧舰五艘，邓世昌死之，原因在，1.中舰速力及炮弹命中，不及日舰；2.中舰将士，临阵恐惧。
- （三）旅顺——日既据大连，分三路攻旅顺，因军舰已逃威海卫，龚照屿遂逃去，日兵仅攻一日，旅顺即陷，日兵残杀中国人甚惨。
- （四）威海卫——陆军既败，丁汝昌欲突出一战，诸将不允；欲毁军舰等，又不允，乃服毒自杀，诸舰遂降，从此北洋水师尽覆。
- （五）辽东——马玉昆虽胜日兵，但吴大澂等都败，海城、盖平，相继失陷；牛庄、营口又失，从此辽东半岛全为日有。
- （六）澎湖岛——日欲占领台湾，所以虽订休战条约，视台湾为例外，仍不绝进攻，中国终不能守。

和议之经过 {
（一）税务使英籍德国人德璀琳携李鸿章照会，到日媾和，为日拒绝。
（二）清派张荫桓、邵友濂为全权大臣，往日议和，日又借辞拒绝。
（三）清派李鸿章为全权大臣，到日本议和，日的休战条约，非常苛刻。
（四）日人小山六之助刺李鸿章，日恐列强干涉，遂无条件的订定休战条约，但台湾在例外。
（五）经数次会议，李鸿章和伊藤博文、陆奥宗光订定《马关条约》。
}

重要条文 {
（一）认朝鲜为完全无缺之独立自主国。
（二）赔偿日军费二万万两。
（三）割让辽东、台湾及澎湖列岛给日本。
（四）开沙市、重庆、苏州、杭州、长沙为商埠。
（五）日人在中国各通商口岸，得自由从事各种工业制造。
}

第三节　战后之影响

台湾抗争 {
（一）台湾人民不甘降日，举唐景崧为总统，因守将自相冲突，台北遂陷于日。
（二）台南刘永福虽屡败日兵，因无后援，亦陷于日，台湾从此沦亡。
}

辽东纠纷 {
- （一）俄人因日占辽东，恐东出之路，为日人所扼制，联合德、法二国，迫日本归还辽东，且以舰队示威。
- （二）日本因战后力弱，不敢和三国抗，索得三千万两代价，遂允三国之请。

沿海重要港湾的租借 {
- （一）《中俄密约》——俄以索还辽东，有功中国，要求酬谢。一八九六年，李鸿章与俄订密约，许以东三省的铁路敷设权及矿山开采权，并将胶州湾租为军港。
- （二）胶州湾——德人要求酬谢，清廷不应，借口曹州杀德教士，派军舰占领胶州湾，强行租借，以九十九年为期，并取得山东全省铁路敷设权，及路旁百里的矿山开采权。
- （三）旅、大——俄既不得胶州湾，因强租旅顺、大连湾，以二十五年为期。
- （四）威海卫——英人借口均势，强租威海卫，租期亦二十五年。
- （五）广州湾——法人借口杀害武官、教士事件，也派兵舰，强租广州湾，租期九十九年。
- （六）九龙司——英人借口均势，扩充旧日占有九龙司地方，作为租借，期限亦九十九年。

中国局面 {
　（一）势力范围——列强租借港湾时，或强迫中国，或自己协定，造成一种势力范围，大约东三省是俄的势力范围，山东是德的势力范围，福建是日本的势力范围，长江流域是英的势力范围，粤、桂、滇三省是法的势力范围，中国乃成无形之瓜分。
　（二）门户开放——美国于一八九九年发表《开放中国门户宣言》，主张一面打破各国的势力范围，以期获得工商业均等机会，一面将各国所定的势力范围，变成利益范围，中国乃成苟延残喘之局面。

第十章　革新运动之始末

第一节　革新运动以前之现状

国民思想
- （一）下层社会——因受外商和教士的欺凌，爆发为单纯的排外运动，代表这运动的为义和团事件。
- （二）士夫社会
  - 1. 左翼的革新运动，以同盟会的领袖孙文为代表，其在政治上的表现，为辛亥革命，及中华民国的成立。
  - 2. 右翼的革新运动，以保皇党的领袖康有为为代表，其在政治上的表现，为戊戌政变及君主立宪的运动。

革新思想的演进
- （一）第一期——中国与列强交涉日繁，常为通事所侮弄，乃设同文馆、广方言馆，以养成外交人才为目的。
- （二）第二期——中国感西洋枪炮军舰的厉害，才有船厂、制造局的创办，及派遣留学生的举动，已由语言文字，进而接受西洋的物质文明。
- （三）第三期——中日战后，知徒习西艺，无济于事，进而注意西洋的政治制度。

第二节　戊戌政变

变法的经过
- （一）光绪十五年，慈禧虽归政于德宗，但内有李莲英，外有孙毓汶，为慈禧耳目，德宗因受监视，未能有为。
- （二）甲午战败，丧师辱国，继以各国要索军港，德宗不能忍，决意革新政治，于是有革新运动的发生。
- （三）革新运动的主要人物康有为，屡次上书，皆被大臣抑置；后因翁同龢之荐，光绪二十四年四月，下《定国是之诏》；旋又召见有为，许其专折奏事，是为维新党进用之始；不久擢用梁启超、杨锐、林旭等人，参预新政。
- （四）从四月到八月，实行新政的上谕，凡数十通，比较重要的有：1. 废八股，改试策论、经义；2. 开学堂，兼习中、西科学；3. 变通武科，改试枪炮；4. 变更兵制，命京营通改习洋操；5. 开办中国通商银行，以流通金融。此外更奖励著新书、制新器等。

变法的失败 {
（一）满族官僚，恐不利于己，怂恿慈禧，重行听政。德宗擢袁世凯为侍郎，命其专任练兵，想收为己用。
（二）袁世凯转告荣禄，荣禄本慈禧爪牙，谣言新党将害太后，即奉慈禧回宫听政，幽囚德宗于瀛台。
（三）慈禧收杀杨深秀、林旭、杨锐、谭嗣同、刘光第及康广仁，世称戊戌六君子。康、梁因预得警报，有为逃香港，启超逃日本，得免死。此外和新党有关的，都加以处分。
（四）慈禧因将德宗所行新政，一概停止，于是戊戌政变告终，而革新运动大挫。
}

第三节　政变的影响

废立问题 {
（一）康、梁逃海外，创保皇会，且发行杂志，指斥太后。
（二）华侨多为康、梁所动，亦时时电请圣安，阻止废立。
（三）慈禧对于德宗，终觉不满，立端王载漪之子溥儁为大阿哥，预备废立。
}

第十一章　八国联军之役

第一节　拳乱之情状

排外原因
- （一）民间——基督教徒仗国家威势，欺压国人，国内无赖，常借入教避罪，转以欺侮平民，官吏又怕外人，一味偏袒教徒，民间所以有仇教排外的运动。
- （二）清廷——慈禧欲杀康、梁，英、日因其为国事犯，极力保护，康、梁反能为文痛诋慈禧；慈禧立大阿哥，欲各国公使入贺，公使不但不贺，反语含讥讽。有此两层，深恨外人，遂伏下义和团排外的原因。

义和团
- （一）来源——义和团亦名义和拳，为白莲教的八卦教一派，自称有神附身，不怕枪炮，招集童子练拳，又招集妇女，穿红衣红裤，名为红灯照，竖起扶清灭洋的旗号，仇杀教民。
- （二）蔓延——山东巡抚李秉衡及毓贤，俱加以奖励，势力才盛；后袁世凯继任，极力剿办，乃逃入直隶。直隶裕禄，反向政府保荐其可用，慈禧后招之入京，称为义民，想用以排外。
- （三）猖獗——拳民横行京师，拆铁路，毁电线，烧教堂，杀教民，并杀日使馆书记杉山彬，及德公使克林德，慈禧且令载漪、刚毅等率之以攻使馆，一面通电各省，协力排外。

第二节 联军入北京及《辛丑条约》

联军进占时情状 {
（一）义和团横行京师时，英国的海军司令西摩尔率各国海军陆战队，入京救援，被义和团及军队包围，只得退回。

（二）英、美、德、法、俄、日、意、奥八国，各派兵舰到大沽，组织联军，公推德将瓦德西为统帅，陷大沽炮台，直攻天津，直隶提督聂士成战死，遂进据北京。慈禧携德宗逃西安，联军乃北占张家口，南占正定，东占山海关，竭力搜杀义和团。

（三）初，清廷令各省排外，两江总督刘坤一发起，联合两湖张之洞、两广李鸿章、山东袁世凯等，不奉乱命，和各国领事立东南互保的条约，东南赖以保全。

（四）袁世凯将其新建军，防御义和团南下，功尤大。袁氏的新建军，从此有代湘、淮军而起的趋势。
}

《辛丑条约》
- （一）来源
  1. 慈禧知事败，用德宗名义，下诏罪己，并派李鸿章及奕劻为全权大臣，向各国求和。
  2. 光绪二十七年，为辛丑年，其七月，和议成，所以叫作《辛丑和约》。
- （二）重要条约
  1. 惩办罪魁。
  2. 赔款四亿五千万两。
  3. 分派亲王、大臣赴德、日谢罪。
  4. 毁大沽炮台，不许津、京间设立兵备。
  5. 允许各国在京城驻兵保护，推广使馆界址，不许华人居住。
  6. 改订商约，以关税、盐税为赔款担保品，款存外国银行，常关也归税务司经理。

第三节　事后之影响

影响
- （一）赔款——这次赔款，俗称庚子赔款，名虽四亿五千万两，连金价伸涨，及历年利息，要加上一倍余；后来美国首先将余数退回，各国亦照办，惟日本不肯退。
- （二）民族思想——拳民所做的事，虽觉无为，但在战场上，赤手空拳，尚前仆后继，各国知华人尚有民族思想，不可轻侮，对于传教等事，敛迹不少。
- （三）国政——慈禧回京，自知其过，便貌行新政，以敷衍全国。

第十二章　日俄战争和满洲问题

战争原因
- （一）义和团起事时，黑龙江将军寿山，遵排斥外人之旨，率兵攻入俄境；俄乘此机会，一面联合各国，攻陷京、津，一面派大军十八万人，分三路侵入，占领东三省全境。

- （二）中日战后，韩王李熙反畏日而亲俄，王妃闵氏聪敏，更招日忌，日公使竟杀之，国际间大加非难，日政府不得已，下其公使于狱。从此日在朝鲜势力顿挫，俄的势力日大。

- （三）《辛丑条约》成，各国俱撤兵，俄借口李鸿章使俄时的密约，声言两国自行商议，并向中国要挟甚酷。

- （四）日本要报复从前交还辽东半岛，并恐满、韩权利，完全归俄，遂约英、美两国抗议。俄不得已，允在十八月内将军队分三期撤退。

- （五）俄不履行撤兵条约，日迫中国和其订密约，中国不敢抗，日本亦畏俄，乃以满洲让俄，而请俄以朝鲜让日，俄不允，日、俄遂开战。

战争结果
- （一）日、俄既开战，东三省一带，都做了两国战场。中国因受欧、美各国之劝告，宣告中立，结果日胜俄败，由美总统的调停，会议于美的朴茨茅斯订成条约。

- （二）条约中与中国有关系的：1.俄承认日独力经营朝鲜；2.俄将东省铁路支线从长春以下让给日本；3.旅顺、大连转租给日本；4.俄将库页岛的南半割给日本；5.俄撤退驻满军队。

- （三）《朴茨茅斯条约》成，日派使至北京，缔结《中日满洲善后协约》，由此中国的东三省南部，成了日本的利益范围，北部仍为俄国的利益范围。朝鲜亦为日本所并吞了。

- （四）清廷因开放东北，商埠独多，知其地位的重要，遂改奉天、吉林、黑龙江为行省，各设巡抚，且移关内的人民竭力垦殖，东三省富庶遂不下于江、浙了。

第十三章 清亡

原因

(一) 预备立宪——日、俄战后，人人都以立宪为要。光绪三十一年，便派大臣分赴各国，考察政治；到了次年，宣示预备立宪的年限为九年，并定，京师设资政院，各省设咨议局。

(二) 钦定宪法——时革命党人，进行甚急，清廷谋消释人心，亦亟亟筹划宪政，才于三十四年，颁布宪法大纲及议院法、选举法等；但宪法大纲中，规定君权特重，人遂称为钦定宪法。

(三) 政局变动——德宗和慈禧太后先后死，帝侄溥仪即位，因年幼，由仪父醇亲王载沣摄政。载沣被他的弟弟载洵、载涛所包围，将军政大权，都收回于兄弟三人之手，而令袁世凯去职。

(四) 亲贵内阁——各省举代表，要求速开国会，清廷将预备立宪年限，缩为五年，先组织内阁，编制宪法，但各代表不肯散，清廷即用严厉手段对付；且新内阁人物，都为亲王宗室，仅邮传大臣盛宣怀是汉人，时人称之为亲贵内阁。

(五) 铁路国有——盛宣怀信谋士之言，向清廷献策，将各省铁道，除支路外，概归国有，如有抵抗，作违制论。载沣从其言，颁布命令，各省抗拒，风潮大起，四川最为汹涌，即调湖北军剿办。

事实 ｛
（一）武汉起义，各省本多革命党人，遂到处响应。

（二）清廷仓皇失措，一面罢盛宣怀，一面起用袁世凯，初令其为总督，旋又升为内阁总理，竟封为一等侯爵。

（三）载沣因滦州兵变，要求实行立宪，遂定宪法重大信条十九条，君权完全被削，成为虚君立宪，设誓实行。

（四）革命之势力，蔓延全国，北洋将领一致奏请速定共和政体，因此隆裕太后下诏退位，将统治公诸全国，清遂亡了。中国的封建王朝至此也就结束了。

第十四章　清之文化

第一节　经学和史学

经学 ─ （一）派别
- 1. 宋学——圣祖尊崇朱子，一时理学家，像陆陇其、李光地等，都切实履行，至今推为道学正派，虽亦研究陆、王的人，总不及朱学之盛。
- 2. 汉学——清代著名的学问，要推汉学，也可叫作考据学，非前代所能及。其起源则因王阳明学说，传至明末，不免失于空疏，所以王夫之等，转而讲经世致用的学问，汉学遂大盛。

（二）演变
- 1. 开山——汉学的名称，因师法汉代经师治经而起，顾炎武就是此学的开山祖师。
- 2. 正宗——惠栋宗法顾氏，严守汉儒治经的方法，实为汉学之正宗。
- 3. 扩大——戴震亦法顾氏，但不限于治经，将汉儒的条例，注全力于训诂名物制度，传其学者有段玉裁及王念孙、俞樾、孙诒让、章炳麟等。
- 4. 专崇——惠、戴还是两汉都崇奉，到了刘逢禄、庄存与等，提倡今文学，且不信东汉，专崇西汉，始开清代今文学的先声。康有为传其学，著"春秋三世说"，成为清末革新的原因。

经学 ―（三）大师
1. 顾炎武——字宁人，昆山人，名著为《日知录》，主张是以"博学于文""行己有耻"为做人的标准，更提出"亡国亡天下"的分别，亡国不过一姓之兴亡，亡天下是民族精神，及道德文化，都沦亡了。
2. 黄宗羲——字太冲，号梨洲，余姚人，名著为《明夷待访录》，主张是以君臣的地位，虽有大小，但同为人民公仆，而谓国家大政，应由宰相守法处理，与责任内阁的意相合。
3. 王夫之——字而农，衡阳人，学者称船山先生，著书甚多，主张强中国以制夷狄，恨宋代重文轻武，养成怯懦风气，甘受夷狄的屈辱。
4. 颜元——号习斋，博野人，主张学问须有实用，古人习六艺，今人应当效法。

史学
（一）学术史——黄宗羲主张治史以致用，所著《明儒学案》《宋儒学案》，实中国有学术专史之始。其弟子万斯同，编历代史表，更有裨史学。
（二）批评家——章学诚（字实斋，会稽人）著《文史通义》，其所论史法，仍为现在言史学者所宗尚，其"六经皆史"一语，尤可除崇拜经学者迷信。
（三）怀疑派——崔述号东壁，大名人，著《考信录》，将唐宋三代的事，以怀疑的态度，考订真伪，实现代疑古一派史学的先声。

史学 —（四）地志 {
1. 官书——乾隆时的《一统志》，凡五百卷，较为详备，各省皆有通志，各府、州、县志。
2. 私著——私家著述，以顾祖禹的《读史方舆纪要》为最有名，徐松的《西域水道记》、张穆的《蒙古游牧记》较详备。
}

第二节　文艺

文 {
（一）八股——清沿明旧制，以八股取士，其格式上的限制，比明加严，且考据之学盛行，所以古文的势力大衰。

（二）桐城派——桐城方苞以古文义法相号召，后刘大櫆、姚鼐继起，势力益盛；及曾国藩推崇方、姚，更加扩大，桐城派便为世所称道。

（三）阳湖派——阳湖恽敬和张惠言，于五经诸子、楚辞汉赋，无不研究，故为文乔皇典丽，人称之为阳湖派。

（四）翻译——清末侯官严复以"信、达、雅"译政治、法律的书，闽县林纾译西洋小说，俱有名一时。
}

诗词 {
- （一）概况——清诗作家很多，大抵宗唐、宋，永远为人重视的，可是寥寥无几。
- （二）清初——钱谦益牧斋的诗，以铺陈终始、排比音韵为宗，开清代诗人的风气；继有吴伟业，其诗多叙明末清初故事，颇有亡国之感。
- （三）宗匠——清诗的一代宗匠，要算摹仿盛唐的王士祯，主张诗要神韵天然，不可凑泊。
- （四）各派——乾隆时的黄景仁，人将其诗比李白；厉鹗诗清隽，号为浙派大家；袁枚诗以性灵为主；赵翼诗倜傥，人俱推为大家。
- （五）词家——清词作家也很多，朱彝尊、陈维崧都以词著名，而纳兰性德的作品，专学晚唐、北宋，最称自然。

戏曲及小说 {
- （一）戏曲——清代的戏曲多为传奇，最有名的是孔尚任的《桃花扇》、洪昇的《长生殿》，及黄燮清的《帝女花》，但都为文人学士的娱乐品，不能民众化。
- （二）笔记——清代小说的笔记体流行最广，著名的为蒲松龄的《聊斋志异》、纪昀的《阅微草堂笔记》。
- （三）演义——最有名的为曹雪芹的《红楼梦》、吴敬梓的《儒林外史》，开清末讽刺小说的风气；李汝珍的《镜花缘》，极力为妇女吐气。

书画 {
- （一）书——宋以后的书家，大都渊源于帖；到了包世臣，独提北朝的碑，风气一变，有名的书家，要推邓石如的篆、隶。
- （二）画——清代的画，要推四王（王时敏、王原祁、王鉴、王翚）的山水，及恽格（南田）的花鸟。

第五编 总说

第一章　民族

中华民族
- （一）汉族
  - 1. 根据地——黄河流域。
  - 2. 繁殖地——遍全中国及南洋群岛。
  - 3. 建国——唐、虞、夏、商、周、秦、汉、三国、晋、宋、齐、梁、陈、北齐、隋、唐、五代时之梁、周，及并时各国，宋、明。
  - 4. 同化——同化力最强，人数最多，而血统最杂。
- （二）东胡族
  - 1. 根据地——今吉林以西，朝鲜以北，乌苏里江流域。
  - 2. 繁殖地——最多在北平、东三省、热河、察哈尔、绥远，他如杭州、南京、福州、广州等处亦有。
  - 3. 建国——古代的肃慎，汉的乌桓、鲜卑，唐的高句丽、奚、契丹，宋的辽、金，清。
  - 4. 同化——将来要和汉族，不能分别。
- （三）蒙古族
  - 1. 根据地——今蒙古地方。
  - 2. 繁殖地——蒙古、热河、察哈尔、绥远、宁夏、厄鲁特等地，国外则现在的俄国及中亚细亚，尚有是族血统。
  - 3. 建国——唐之蒙兀室韦、元。
  - 4. 势力——十三世纪时，几统一亚细亚，势力直发展到东欧。

中华民族
- （四）突厥族
  - 1. 根据地——今蒙古及阿尔泰山、天山一带。
  - 2. 繁殖地——今新疆、甘肃、陕西等地，国外则繁殖于中亚细亚一带。
  - 3. 建国——汉的匈奴、月氏，隋、唐的突厥、回纥，五代时之唐、晋、汉。
- （五）藏族
  - 1. 根据地——青海、西藏一带。
  - 2. 繁殖地——宁夏、西康，此外甘肃、陕西也有。
  - 3. 建国——汉到六朝时氐、羌，唐的吐蕃。
  - 4. 同化——因氐、羌、西夏的汉化，多与汉族混合。
- （六）苗族
  - 1. 根据地——今四川、云南、贵州、广西边远山地。
  - 2. 繁殖地——杂居于四川、云南、贵州、广西内地。
  - 3. 建国——唐的南诏，及宋以后的峒蛮。
  - 4. 同化——熟苗多同化于汉族。

汉族由来
- （一）西来说
  1. 来自埃及，创其说者为德国人基尔什尔等，大都从文字比附，以成其说。
  2. 来自印度，创其说者为法国人哥比诺。
  3. 来自西亚细亚，此说起于法国人拉克伯里，以前曾为国人所信，后即怀疑。瑞典人安特生以新出土的着色陶器附会，有重兴之势，但亦不足信。
  4. 来自中亚细亚，此说起于英国人鲍尔。
  5. 来自新疆的于阗，此说起于德国人李希霍芬。
- （二）东来说——起于日本人，其根据不过《山海经》《拾遗记》《述异记》等不足取信的书。
- （三）南来说——以为汉族起于印度支那半岛。
- （四）北来说——以为起于美洲大陆，美洲北部渡海而来。
- （五）土著说
  1. 西来说中来自西亚，因为河南仰韶村发现的着色陶器花纹，和西亚的苏萨所发现的相像，便觉有证据，但仰韶村的豕骨、西阴村的蚕茧，但足表明中国习惯，不若土著说为可恃。
  2. 仰韶沙锅屯所得的人骨，和现代华北人的同派，非但不是亚洲以外人种，并且不是土耳其人，可见中国北部新石器时代文化主人翁，已可确定为华北人同族的一种。

中华民族之扩大
- （一）第一次
  1. 汉族在四千年前，已繁殖于黄河流域，但环绕四围的蛮、夷、戎、狄，时想吞并汉族。
  2. 周集唐、虞、夏、商以来文化的大成，推行其文化于诸民族；到了春秋战国，诸民族遂混合于汉族。
  3. 秦、汉用其武力，黄河、长江、粤江三大流域诸民族都同化，而形成一个汉族，是即中华民族第一次的扩大。
- （二）第二次
  1. 汉衰，西北民族移居内地，经三国至晋，遂酿成五胡乱华之局，一直到南北朝止。
  2. 西北民族，居华既久，受汉化亦深；到了隋唐，竟受汉族的同化，是即中华民族第二次的扩大。
- （三）第三次
  1. 五代后，东北民族崛起，先后建立辽、金等国，是汉族和东胡族对峙。
  2. 宋、辽、金均为蒙古所灭，但不久，朱明代兴，逐蒙古于塞外，收回中国之地，又成汉、蒙对峙之局。
  3. 满族统一东亚大陆，结合了汉、满、蒙、回、藏、苗、瑶等族，同治于汉族文化的大炉中，形成了伟大的民族，即是第三次的扩大，也是现在中华民族之由来。

第二章　历代集权制之变迁

周的封建制
- （一）追溯
  - 1. 在夏以前，我先民的集团生活，不过部落，史家所称道的禅让，亦不过公推酋长的代名词。
  - 2. 到了夏朝，禹的子启，其后裔少康，及少康的子予，都能用武力，统驭诸侯，才定了君主世袭的局面。
  - 3. 汤的灭夏，武王的灭商，尚要所谓诸侯的部落信服，才能有天下，可见部落的势力依旧存在。
- （二）变迁
  - 1. 周武王乘灭商的余威，建立了封建诸侯的制度，中央颇能集权，遂成为真正的国家。
  - 2. 商、周的有天下，仍是兼并的结局；周虽行封建，但兼并的事，仍不能免；到了战国时代，封建制度已坏，仅有大国七国，周虽名为王，力不足以抗，所以地方权重。

秦的郡县制 {
　（一）来源——春秋时，强国并弱国，常置为县，如秦县杜、郑，楚县陈等；到了战国，又有郡的设立，如秦惠王取汉中地，置为汉中郡等是。
　（二）事实——秦并各国土地时，随时置为郡、县；及统一六国，更分天下为三十六郡，郡下设县，而且划一中央地方官制，以收中央集权之效，于是封建制度从此废，郡县制度从此立。
　（三）比较——周的灭殷，曾借诸侯的力，而且诸侯也有相当实力，所以用封建制度来集权；秦既用武力灭六国，要想中央集权，何必再用封建，自以郡县制为便。
}

汉制 {
　（一）参合周、秦——汉多袭秦制，对于地方制度，也用秦的郡县，不过鉴于秦孤立而亡，所以参用封建，分封其子弟、功臣为侯、王，使错居郡、县之间，以维系王室。
　（二）名存实亡——汉高帝杀戮功臣，专信子弟，定"非刘氏不王"之制，但同姓也不可靠；到了景帝，有吴、楚等七国之乱，乃将侯、王留京师，由中央派国相代治，王国等于郡，侯国等于县，名虽是国，实则仍为郡县。
　（三）分州——武帝分全国郡县为十三州，每州派刺史一人，监察郡县行政，而地方行政长官，仍以守、相为主，原意在削地方之权，增加中央统治的力。
　（四）变相封建——东汉末，黄巾乱起，廷议以为地方官吏权轻，不能平乱，乃派中央大臣出任州牧，以代刺史，使易于指挥统率；又将郡守和国相，也给以兵马大权，从此地方权重，而成为军阀割据的三国。
}

晋制
- （一）封建——晋武帝既统一中国，鉴于魏的孤立而亡，大封宗室为王，结果招了八王之乱。
- （二）郡县——武帝又去州、郡兵备，使为州牧的，不致有汉末割据的流弊，结果五胡起事，州牧无力消弭，西晋便因之而亡。
- （三）军阀——东晋因防五胡南下，在京口和江陵分置大军，成为两大军阀根据地。桓温的北伐，桓玄的谋逆，用的都是江陵兵；谢玄的败苻坚，刘裕的篡晋，用的是京口兵。
- （四）余焰
  - 1. 南朝——萧道成以中领军代宋，萧衍以襄阳镇将代齐，陈霸先也起于京口，然后由相国而成陈，都由镇将而为皇帝。
  - 2. 北朝——元魏统一后，大权也先后落在尔朱荣、高欢、贺拔岳、宇文泰军阀之手。高洋的夺东魏，宇文泰的夺西魏，杨坚以都督中外诸军事而成隋，李渊以太原留守而成唐，都以军阀而成皇帝。

唐制
- （一）集权——唐鉴于汉末至南北朝镇将专兵的流弊，所以一方面缩小地方行政区域，它的地方官吏，以州为最大，但州的区域，比汉的郡小；一方面将兵制另成一个府兵制。京师及附近一带，兵多；外州的兵少，而且地方官吏不掌兵，统由中央调发。
- （二）分权——玄宗因要备边，沿西北边境，设了几个节度使；但以后内地也设节度使。节度使除兵权外，又兼行政、监察和财政的大权，才造成军阀的制度。
- （三）藩镇——安禄山、史思明以节度使而反，但仍旧用了节度使的大位，去收买安、史的部下；所以安史之乱虽平，而军阀式的藩镇，也因此形成了。

宋制 {
　（一）集权原因——宋太祖鉴于五代得国，都由镇将为天子；而十国的形成，又都由节度使，遂欲集权中央。
　（二）集权方法 {
　　1. 兼并各割据地的时候，概用文臣去理各州、县之事，不复设节度使。
　　2. 对于原有节度使的地方，则转移他们镇地，而令其逐渐消灭。
　}
}

元制 {
　（一）封建——元对于域外，多行封建制，如最著名的四大汗国，及阿母河（在西域）行省中的诸王封地。
　（二）郡县——对于中国本部，则分作十一行省，完全为郡县制。
}

明制 {
　（一）封建——明太祖鉴于元的孤立而亡，封其子二十四人、侄孙一人为王，皆有护卫，镇守要地；后卒有靖难之变，及宸濠之乱。
　（二）郡县——太祖又分全国为十三布政司，是封建和郡县并行的制度。
}

清制 {
　（一）封建——清的宗室，虽有王位，并不分以土地，而蒙古等处，则世袭的汗王，仍保有其土地。
　（二）郡县——清对于中国本部，仍称为省，长官为总督、巡抚，兼有行政、司法、财政、监察的权；到了末年，差不多成内轻外重。
}

第三章　历代官制之变迁

第一节　中央政府的组织

秦及汉初
- （一）三权鼎立
  - 丞相——政事。
  - 太尉——军事。
  - 御史——监察。
- （二）利益——因其得自辟掾属，处理政务，确能辅助皇帝。

两汉
- （一）三公
  - 司徒公——哀帝改丞相为大司徒，到光武又称为司徒公。
  - 太尉公——武帝改太尉为大司马，光武又改为太尉公。
  - 司空公——成帝改御史大夫为大司空，光武又改为司空公。
- （二）尚书——三公在后汉光武时，不过徒有其名，政权已移入尚书之手。
- （三）原因——武帝令宦官之为尚书的及中书的，传命令于丞相；后因霍光可托大事，遂叫他领尚书事；及光以大司马领尚书事为顾命大臣，尚书始为廷臣兼领，到后汉众务便尽归尚书。

魏、晋 {
（一）中书省——到了魏、晋，机务都归中书省，尚书又成尊而不亲之官。
（二）原因——汉武帝时的中书，仍用宦官；魏、晋则中书省里的长官，有令有监，不用宦官，全用士人，而和皇帝又接近，政权遂移入其手。
}

南北朝 {
（一）门下省——到了梁、陈和元魏，机要之权，又移入门下省。
（二）原因 {
1. 侍中——侍中本不是宦官，不过在皇帝左右，捧虎子、唾壶之类的官。
2. 分类——中书既成廷臣，自不若侍中和皇帝接近，所以皇帝常和侍中商议政事，遂有门下省之名，而以侍中为长官，中书之权又分。
3. 成因——元魏特重门下省，多以侍中为辅政大臣，其权更确定。
}
}

隋唐 {
（一）三省并重——隋及唐初，并置尚书、中书、门下三省，而以尚书令为尚书长官，掌执行全国政务，犹汉初之丞相；中书令为中书长官，掌出纳皇命，犹汉初之尚书；侍中为门下省长官，掌献可替否，犹汉初之御史大夫。
（二）三省合一——唐因太宗曾为尚书令，遂以左右仆射为尚书省长官，左仆射掌六部中的吏、户、礼，右仆射掌六部中的兵、刑、工。不久必以左右仆射加同中书门下平章事，始为真宰相，于是三省仍合而为一。
（三）变迁 {
1. 学士院——玄宗因中书事繁，选翰林学士知制诰，于是机要之事，又归学士院。
2. 枢密使——唐中叶以后，使宦官为枢密使，学士和中书又见疏远；且宦官擅兵权，所以宦官在唐代，有擅废立、弑皇帝等事。
}
}

五代——枢密使——五代因唐制，枢密使都由心腹大臣充任，其实权遂大于同中书门下平章事。

宋 ┬ （一）四权并立 ┬ 1. 政务——以"仆射同中书门下平章事"为宰相，总揽政务，犹汉初的丞相；另设参知政事，辅佐宰相。
　　│　　　　　　　├ 2. 军政——以"枢密使"掌军政，犹汉初的太尉。
　　│　　　　　　　├ 3. 监察——以"御史中丞"掌监察，犹汉初的御史大夫。
　　│　　　　　　　└ 4. 财政——以"三司使"（盐铁、度支、户部为三司）掌财政。
　　└ （二）三权鼎立——王安石废三司使，移其权于宰相所辖之户部，成为汉初三权鼎立的组织。

元 ┬ （一）中书省——政事。
　　├ （二）枢密院——兵事。
　　└ （三）御史台——监察。

明 ┬ （一）废宰相后之设官 ┬ 1. 六部尚书——尚书下辅以侍郎，而总其成于皇帝。
　　│　　　　　　　　　　├ 2. 都察院——掌监察之权。
　　│　　　　　　　　　　└ 3. 六科给事中——封驳章奏。
　　├ （二）废宰相之原因——明初亦有中书省，但欲集其权于皇帝一身，遂废之。
　　└ （三）变迁——明中叶以后，以管理批答奏章的"大学士"参预机务，于是殿阁学士又有宰相之名；到了末年，大学士俨然成为宰相。

清 {
（一）军机处——清初仍依明制；到了清世宗，于宫内设军机处，选大学士、尚书、侍郎等五人至九人，专管机要事务，于是政权又移归军机处。

（二）因革——六部事情，仍归六部尚书，这是和明相同；明的六部给事中，清则俱归都察院，这是和明稍异。

（三）内阁总理——清末改革官制，设为责任内阁，设内阁总理一人，将六部分为十一部，部中的官制，仍和前仿佛。
}

第二节　地方官制

汉 {
（一）州郡制——州 { 郡 { 县。
侯国。 }
王国。 }

（二）解释 {
1. 汉初本沿秦的郡县制，不过将秦原有的郡，改为六十二郡；另一方面，仍用周的封建，封功臣及同姓。

2. 从七国乱后，派国相代王、侯治国，和郡、县同变为地方行政区域，便成为郡国制。

3. 武帝开边结果，领土增加，乃总以十三州，才成为三级的州郡制。

4. 州只有一刺史，以监察属郡，其地方行政长官，仍为郡守和国相。
}
}

晋 {
(一) 三级制——州、郡、县。
(二) 解释——汉末以州牧代刺史，州变为地方行政区域；晋统一三国，虽改州牧为刺史，但其权仍和州牧同，所以成为三级制。

隋 {
(一) 二级制——郡、县。
(二) 解释——隋文帝曾废郡改为州，到了炀帝，仍改州为郡，都为二级制。

唐 {
(一) 三级制——道、州、县。
(二) 解释——唐仍废郡成州，惟顺山川形势，分为十道，以统辖州、县；不过每道只设巡察使，以监察郡、县。地方长官，以州刺史为最高，名虽三级制，其实还是二级。

宋 {
(一) 府州军监使——路 {
府——县。
州——县。
军——有领县，有不领县。
监——有领县，有不领县。
}
(二) 解释——宋分全国为十五路，不设行政长官，但每路设安抚使掌兵权，转运使掌财政，提刑按察使掌司法，其真正行政区域，则为府、州、军、监。

元 { (一) 五级制——行中书省、路、府、州、县。
(二) **解释**——元本其游牧民族分置部落的习惯，将中国本部分为十一行中书省，和中央的中书省一样，以掌行政。行枢密院掌兵事，行御史台掌监察，是直将国分为十一国。

明 { (一) 分三级制——行省、府、县。
(二) **解释**——明对于地方制，行省之名，虽仍元旧，但只设承宣布政使掌民政，按察使掌刑狱，兵权虽掌于都指挥，却直隶于中央的兵部。
(三) **变迁**——明到后来，间设总督、巡抚等官，节制二省或一省的一切政务，但其性质，又似乎差，并不是官。

清 { (一) 四级制——省、道、府、县。
(二) **解释**——清沿明制，以总督、巡抚为行省长官，布政、按察，以及掌兵的提督，都为其属吏，于是地方权又重。

第四章　历代之田制

周行井田
- （一）方法——方九百亩为井，中为公田百亩，余八百亩为私田，八家所私有，合力先种公田，然后各种私田。
- （二）还受——民年二十受田，六十归田，以养五口，五口以上的家庭中未成年者曰余夫，受田二十五亩。
- （三）渊源
  - 1. 贡法——夏行贡法，一夫受田五十亩，每夫将收获的十分之一平均数，贡于国家。
  - 2. 助法——商行助法，画地为九区，区七十亩，八家各受一区而助耕公田，公田收获归国家。
  - 3. 彻法——周行彻法，增田为百亩，视地远近，兼用贡、助两法。

井田破坏
- （一）李悝相魏文侯，尽地力以增赋税；商鞅相秦孝公，招晋人以开阡陌，是井田制度破坏的缘由。
- （二）从此田得买卖，贫富阶级遂继贵贱阶级以起，而私产制度，因以确定。

限田 {
 （一）原因——井田破坏后，富者田连阡陌，贫者无立锥之地，于是想用政治的力量，来达平均土地的目的。
 （二）办法——董仲舒提出"限民名田"之议，武帝不从；后哀帝时，师丹又主张限田，遂定诸侯王以至吏、民，名田不得过三十顷；后为外戚宠臣所阻，不能实行。
}

王田 {
 （一）实行——王莽代汉，行财产国有制，名天下田为王田，不许私相买卖。
 （二）办法——人口不满八而田过一井，将逾额的田，分给九族、邻里、乡党；原来无田的，各照当时定制受田。
 （三）取消——富商、大地主反对，社会陡现不安现象，王莽即仍准其买卖。
}

占田 {
 （一）实行——荀悦本有以"口数占田法"之说；到晋统一三国后，便实行占田法。
 （二）办法——男子一人，占地七十亩；女子三十亩。其外丁男课田五十亩，丁女二十亩，次丁男半之，女则不课。
 （三）批评——晋并未定还受的制度，且许王侯职官占田由五十顷递减至十顷，并许王侯得荫人为佃客，实仍奖励大地主制。
}

均田 {
- （一）实行——北魏孝文帝从李安世之议，实行均田制，直至唐初，均行是法。
- （二）办法——北魏的规定，须还受者为露田四十亩，其另给的桑田二十亩，不在还受之列；到了唐初，每夫一顷，以二十亩为永业田，得买卖；八十亩为口分田，须还受。
- （三）批评——北魏对于田，亦可买卖，但规定买卖者都不准过于当时的田额；唐则人民从狭乡移宽乡，准其卖口分田，是仍可买卖；所以到了后来，豪强兼并之风大盛。

余焰 {
- （一）宋仁宗曾行限田，限公卿以下，不得过三十顷；衙前将吏不得过十五顷，但不久即废。
- （二）南宋理宗时，谢方叔曾请限民名田，但亦不行，此后便无人再作是说；所以从秦以后，中国始终是一个大地主兼并的社会。

清制 {
- （一）官田——为国家公地，及有罪籍没入官的田产。
- （二）屯田——教兵士就驻地垦种以为军饷的田产。
- （三）庄田——清初，政府任意圈用民间房地，赏给随从入关的满洲官吏和兵丁，叫作庄田，是等于掠夺了。
- （四）私田——为人民私有的土地，占全国百分之八十四。

第五章 历代之征税

第一节 赋税

周
- （一）赋其物
  - 粟米之征（田税）——即什一的井田税。
  - 布缕之征（夫税）——按照廛宅以征收。
- （二）赋其力——力役之征（夫役）——每人为国家服役数日。

汉
- （一）名目
  1. 田租——赋其物（地税）——三十税一。
  2. 口赋——赋其钱（丁役）——算赋是十五岁以上的人所出，口赋是十五岁以下的人所出。
  3. 更赋——赋其力（丁役）——更赋分三品，为卒更、践更、过更。人民服军役，一月一更换的，叫卒更；富者月出钱二千，雇人为卒更的叫践更；凡人都须戍边，三日一更，不愿者出钱三百入官，官给戍卒，一年一更，叫过更。
- （二）批评——三十税一，税虽较周轻，但只有利于富人，其算赋、口赋、更赋等负担，贫民却不能逃避，所以税实重。

- 晋
  - （一）名目——户调制
    - 赋其物
      - 绵绢
      - 粟米
    - 赋其力——课役
  - （二）批评——晋行占田，由北魏到唐的均田，都是计户授田，所以计户征税。调本为布缕之征，故征绵绢，另加力役，后又加征粟米等，征额比汉重。

- 唐初
  - （一）名目
    - 租
    - 调 ｝赋其物——丁税。
    - 庸——赋其力——丁役。
  - （二）解释——唐因晋制，制定租庸调法，计丁授田，每丁征粟二石，叫作租；丁每年出绫，或绢或绐或布，叫作调；用人之力，每年二十日，不服役的出绢三尺，叫作庸。
  - （三）批评——唐行此制，计丁征赋，赋虽稍重，但都出于有田之人，似是良法；但田可买卖，一经兼并，不能再行，所以不得不改为两税法。

唐中叶
- （一）名目——两税制 { 夏输——赋其钱 / 秋输——赋其钱 } 丁税无役
- （二）解释——唐德宗时，杨炎为相，因制两税法：夏输不得过六月，秋输不得过十一月，其收税不问户籍，以现居人入簿，人不计中丁，以贫富为标准，所征的税以钱计，即拿实物来，也照钱折算。
- （三）批评——以现耕的田定赋税，不必更制户籍，官吏不能为奸，以家的贫富，定赋的轻重，贫民可得苏息，这可以救一时的弊。但赋税以钱计，折算时，官吏可上下其手；以家的贫富定轻重，官吏也容易舞弊；又官吏所报的田，不实不尽，结果依旧贫民吃亏。

宋
- （一）名目 { 田赋 / 丁口赋 } 钱物随征（地丁税）。

  五等役法——钱力随征（丁役）。
- （二）解释——宋先遣使度田，正其经界，以救两税制的弊，然亦分为两税，夏税得延至十月，秋税得延至明年二月，所税之物，有谷帛、畜产等，不专输钱。丁役则在仁宗时因赀产多少，分为五等造册，分别征其役。
- （三）批评——宋初税较唐轻，意在与民休息；但版图本小，边患又多，遂有王安石的新法，奉行不善，为世诟病；而财政又不能不筹，便只能繁征苛敛，没什么经济政策了。

186

元 ─┬─（一）名目 ─┬─ 内郡 ─┬─ 地　税
　　│　　　　　　│　　　　├─ 丁税 ─┬─ 调 ─ 赋其物。
　　│　　　　　　│　　　　│　　　　└─ 庸 ─ 赋其力。
　　│　　　　　　└─ 江南 ─┬─ 秋　税
　　│　　　　　　　　　　　└─ 夏税 ── 钱物随征。
　　└─（二）解释 ── 元对于内郡，取法唐的租庸调；对于江南，取法唐的两税制。

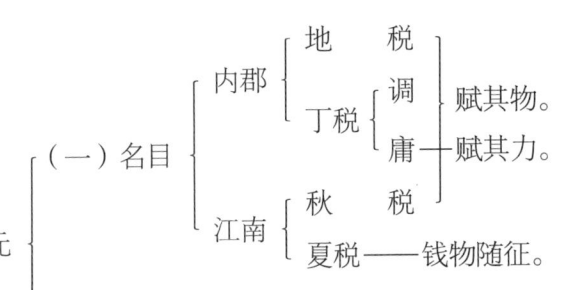

明 ─┬─（一）神宗前 ─┬─ 两税 ── 钱物随征（地丁税）。
　　│　　　　　　　 └─ 役法 ── 钱力随征（丁税）。
　　│
　　├─（二）解释 ── 明将农田分为官田、民田两种征税，官田税重，民田税轻；征税之法，也用夏、秋
　　│　　　　　　　 两税制，米麦绢钱随缴，此为地税。役法分三等：甲役以户计，徭役以丁计，上命非时的为杂
　　│　　　　　　　 役。三等都有力役、雇役。力役用其力，叫力差；雇役用银代役，叫银差。
　　│
　　├─（三）神宗后 ── 一条鞭 ── 赋其钱 ─┬─ 地税。
　　│　　　　　　　　　　　　　　　　　　├─ 丁税。
　　│　　　　　　　　　　　　　　　　　　└─ 丁役。
　　│
　　├─（四）解释 ── 总括一州县的田赋、力役，一律折为银钞缴纳，叫作一条鞭法。
　　└─（五）批评 ── 赋役的名目多，人民除负担外，还要受骚扰，自改一条鞭，骚扰却减轻了。

清 ┃ （一）税制 ┃ 1. 方法——两税制（上下忙）：上忙自二月开征，五月停征；下忙自八月开征，十一月停征。
┃ ┃ 2. 手续——一条鞭法——丁随地起，只税地，无丁无役。
┃ （二）批评——清初的税制，本和历朝一样，丁役和田赋并重；康熙时，诏以现在丁册为常额，以后滋生人丁，永不加赋；到了雍正，将丁银摊入地亩缴纳，从此无田的人，便无赋税的负担，地主也有一定的赋额，不会随时增加了。

第二节　杂税

笼榷 ┃ （一）原因——秦及汉初，社会上产生大批富豪，汉乃立重农轻商政策：1. 商贾不得为官；2. 商贾不得衣丝、乘车；3. 一切赋税，商贾特重；4. 商贾不得名田；5. 商贾和罪人、赘婿同为贱民，但行之无甚效，汉武帝乃用商贾为官吏，来和商贾争利，定作笼榷政策。
┃ （二）意义——笼作管领解，榷作独取其利解，两词连用，即某种货物设官专营的意思。
┃ （三）创始——《管子》上已有"笼山海之利"一语，山指铁，海指盐，但其书不可靠；历史上正式可考的，实自汉武帝元狩四年，置盐铁官始。

筦榷 ── （四）事实
1. 汉武帝初仅筦盐铁，到了后来，又榷酒酤，才称为筦榷；到昭帝时，榷酤作罢，盐铁照旧。
2. 王莽时，有六筦之设：（1）盐；（2）酒；（3）铁；（4）名山大泽；（5）五均赊贷；（6）铁布铜冶。莽失败，六筦废，但盐铁榷酤仍旧。
3. 后汉和帝时，废榷盐铁；至汉末曹操当国时始复行。
4. 晋、南北朝、隋皆榷盐铁酒酤。
5. 唐初仅榷盐铁酒酤；到了德宗，又加榷茶。
6. 宋于盐、铁、茶、酒之外，再加榷矾，因矾为制皮必需品，重税之，所以困契丹、北汉。
7. 金所榷之货有十种：即酒、面、茶、醋、香、矾、丹、锡、铁、盐，而以盐利为最大。
8. 元仅榷盐、茶、酒。
9. 明只有盐、茶。
10. 清因明制，只榷盐、茶，后茶引无形废止，仅西北边地，还用引法，所以清代筦榷，可说仅盐一项。

盐引 ⎧ （一）来源——盐引的办法，实从宋代征商法中"坊场扑买"而来。所谓坊场扑买，实犹清代的认捐包厘。
　　　（二）创始——金对于榷盐的办法，鬻盐以引，行引以界，这就是盐引之始。其办法到清代才详尽，现述清代办法于下。
　　　（三）办法 ⎧ 1. 引券——盐商要领盐票，必先买引券，引券的价值，贵者达一万两，其标准视各引地所获利的厚薄而定。盐商有引券，便可世袭这领引票销盐权。
　　　　　　　　　2. 盐票——盐商向政府缴纳盐价盐税，政府给票于盐商，盐商向盐户购盐，在指定的引地内行销。
　　　　　　　　　3. 引额——每地有一定的行销引额，逾额作私盐论，越界也作私盐论。
　　　　　　　　　4. 盐税——政府的盐价盐税，也以引额为标准，不问销了多少，都须依引额缴纳；销不足的是引商损失，销逾额须声明增额。
　　　　　　　　　5. 意义——引的意义，是盐的量度，每引通常为六八八斤（茶引和盐引同，不过茶每引为百斤）。

征商 ⎧ （一）常税 ⎧ 1. 住税——即古时的市场之征，等于现在的营业税。
　　　　　　　　　2. 过税——即古时的门关之征，等于清代的常关及厘卡。
　　　（二）祖额——宋将诸州、县的商税，通较数年间最多收数，立为祖额，比较科罚，实开后世用比较额征商税的恶例。

第六章　历代之兵制

民兵
- （一）周、秦——人民俱有当兵的义务，每年调查户口，凡成丁男子，皆入兵籍，遇军事就要调发；即在平时，也有番上、戍边等任务。
- （二）汉至隋——自汉至隋，民即是兵的原则，并没有更革，编制之法，亦大同小异，汉的更赋，便从此原则产生。

府兵
- （一）来源——唐以民十六为中，二十为丁，六十为老。到了丁年，就要按户抽丁（三丁抽一），到本地军府充当马步兵，到老才免兵役。
- （二）训练——兵在无事时，仍行耕种；但每岁季冬，由军府教练，其马匹、武器、戎衣、粮食，都由兵自备，政府则免其本身的租庸调。
- （三）兵数——唐盛时，全国六百余军府，在关内道的，岁居其半，所以政府无养兵的费用而兵常足。

彍骑
- （一）原因——因番上频繁，戍边太久，加以均田法坏，户籍不造，兵多逃亡，遂不得不改府兵之制。
- （二）意义——能挽强弓的马兵，叫作彍骑。
- （三）创始——唐玄宗另募彍骑，多至十三万人，各镇节度使，亦皆自募健儿，先犹番替，后皆化为常时驻屯。
- （四）关系——彍骑一起，府兵制全废，而自古以来的征兵制，都变为募兵制了。

宋
- （一）禁军——宋初鉴于镇将擅权，遂采中央集权制，其可称为兵的，只有禁军；而全国的禁军，又都属于（殿前司、侍卫亲司、马步军司）三司，所以事权能统一；此外虽有厢兵、乡兵、蕃兵三种，但厢兵多不训练，乡、蕃又非到处皆有。
- （二）民兵——王安石鉴于养兵百万，不能一战，便大加裁汰，更置将分驻，以代番戍；又变募兵为民兵，募兵缺额，即收其饷以供保甲教阅之用；但元祐以后，保甲教阅之制又废，民兵复衰。
- （三）御前五军——宋到南渡后，立御前五军的名目：以杨沂中为中军，张俊为前军，韩世忠为后军，岳飞为左军，刘光世为右军；后来诸人或死或退，将诸军直隶朝廷，于是又变成禁军。

元 {
- (一) 名称 {
  1. 蒙古军——出于蒙古本部族。
  2. 探马赤军——出于诸部族。
  3. 汉军——既定中原后，发民为兵。
  4. 新附军——平宋后所获的兵。
  }
- (二) 兵官——带兵的官，看兵数的多少，定爵秩的高下，带万夫的叫万户，带千夫的叫千户，带百夫的叫百户。
- (三) 兵籍——蒙古对于塞外部落，凡家有男子，十五以上，七十以下，尽籍为兵，十人为一牌，设牌头，上马则备战斗，下马则屯聚牧养；孩童稍长，又籍之，称渐丁军。及天下既定，把曾经当过兵的人，另定为兵籍，其兵籍完全秘密，不使汉人知道。
}

明 {
- (一) 编制——以五千六百人为卫，千一百十二人为千户所，百十二人为百户所，每所设总旗二、小旗十人。
- (二) 取兵——取兵的方法，有从征、归附和谪发等名目。
- (三) 调度——诸卫都隶于五军都督府，卫所的兵，平时都从事屯田，有事则出征，还军后，将呈缴佩印，兵则各归卫所。
- (四) 余兵——卫所而外，各地有乡兵，边郡有土兵，大概用来保卫地方，国家不大征调。
}

清 {
（一）八旗——清太祖时，仅有遗甲十三副，后设黄、白、红、蓝四旗，又加镶边，即镶黄、镶白、镶红、镶蓝，合为八旗。初合满、蒙、汉为一；到太宗时，将蒙、汉分开，各设八旗，便为二十四旗。最初的八旗，不但治军，亦且治国。

（二）绿营——清入关后，即将明的军队，编为绿营。

（三）湘军——太平军起，曾国藩曾练乡团，后名湘军。

（四）淮军——平捻时，李鸿章曾练成淮军。

（五）新建军——中日战后，北洋练新军，才有新建军等名目。

第七章 历代之用人制度

周
- （一）阶级
  - 庶人。
  - 士、选士、俊士、造士、进士。
- （二）学校——家塾——党庠——术序——国学。
- （三）解释
  1. 乡大夫由乡校中优秀的士，保送于司徒，叫选士。
  2. 司徒由选士的优秀者，保送于太学，叫俊士。
  3. 太学中所教的人，（1）贵族，如天子的太子、王子，诸侯的太子，卿大夫元士的嫡子；（2）平民，即俊士，都由乐正造就，到了学成，叫作造士。
  4. 大乐正造就士中的优秀者，保送于司马，叫进士。
  5. 司马辨别其才能，取其贤者，荐于天子，天子这才因才任使。

汉
- （一）特科
  - 孝廉。
  - 贤良方正——以上两科，所选并非限于平民，官吏亦可应选。
- （二）常选
  1. 博士弟子的起源——汉武帝诏太常选民年十八以上仪状端正者，补博士弟子；也令郡、国、县官荐举文学、行谊优秀者于郡守，由郡守令和上计簿使偕同进京诣太常，令受业于博士如弟子。
  2. 所选的地方——太常所选者，大约近畿人；郡、国所选者，系各郡、国的人民。
  3. 所选的学校——太常为京师学校，郡国的学校，到元帝时，才郡、国、县、乡都有学。
  4. 出身——受业一年，即行考试，能通一经以上的，可补文学掌故；其高第者可补郎中，次补太子舍人。
- （三）总则——无论特科、常选，必须文学、行谊为乡里所推重者，始得膺选，所以叫作"乡举里选"。

魏晋到南北朝 {
（一）原因——乡举里选之法，立意本好，到了后来，未免有请托之弊，所以定了"三互法"，凡婚姻之家及两州之人，不得交互为官。
（二）始创——魏文帝时，用尚书陈群的话，立九品官人之法。
（三）意义——因人的德、学、才、行，由中正分为上上、上中、上下、中上、中中、中下、下上、下中、下下九等。
（四）方法——郡、县设小中正，州设大中正，先由小中正定人才品类，送大中正，由大中正核实汇齐，送到司徒，司徒再复核后，交吏部录用。
（五）流弊——一因汉的品第人才，尚有贤良、孝弟、力田等实在名目，至魏晋只有九品之目，易于作弊。二因乡评究系舆论，请托较难；中正只有一人，请托自易。三因汉的办理选举，都系当地行政长官，举不以贤，便自失臂助，且又要受罚；中正则不必虑此，所以流弊到"上品无寒门，下品无世族"。

考试制度 {
（一）原因——九品中正，既有流弊，才发生考试制度。
（二）先河——汉对于所举之贤良方正，曾试以关于当世之务的策问；魏晋因当时风尚，便试以诗赋，但这都不是以考试取士。
（三）开端——隋文帝建秀才科，诸州每岁选送三人，试得高第者为秀才；炀帝更建进士科，实为改选举为考试之始。

考试制度 ——（四）唐
- 1. 三途
  - （1）生徒——由学馆出来的叫生徒，每年仲冬，合州、县学，国子监，及弘文、崇文等馆学成的学生，送尚书省登记，以备明年春季考试。
  - （2）乡贡——由州、县考取不在学校中的士子，保送到考功郎，加以复试的，叫作乡贡。
  - （3）制举——由天子下令，征求奇才异能之士，亲自考试，叫作制举。
- 2. 科目——制举为特科，自无科目可言；生徒和乡贡为普通科，其考试科目有秀才、明经、进士、俊士、明法、明字、明算等科，而明经、进士为最著名。
- 3. 方法——考试方法有试策、帖经、口试、诗赋等，而诗赋在第一场，最为注重；即制举的特科，也要词藻鸿丽，所以诗赋是当时考试制度的敲门砖。
- 4. 武科——武后曾策问贡士于洛城殿，又曾考阅武技，实为后世殿试、武举之始。

考试制度
- （五）宋
  - 1. 出路——唐的考试，士子及第后，必须试于吏部，吏部考试及格，才得做官；宋则一经登第，便可入仕。
  - 2. 方法——宋又用糊名、誊录之法，不似唐之有通榜，专务虚名，不计试艺之高下，所以考试制度，至宋才完成。
  - 3. 经义——宋鉴于唐过重诗赋之弊，欧阳修即主张先考策论，后考诗赋；到了王安石，便罢诗赋，考经义。
- （六）元——元更规定经义的功令：四书必须用朱熹《章句集注》为主，经义各治一经，也指定一定的注解，从此所谓经义，都有一定的意义，绝无自己发挥的余地。
- （七）明清——明定考试之法，专取四书及《易》《书》《诗》《春秋》《礼记》命题，文材略仿宋经义，但必须用古人的语气立言；文体须用排偶，这叫八股；清亦如是。
- （八）利弊
  - 1. 利——唐的考试，因通榜等名目，尚有门阀垄断之弊；到宋朝以后，才完全打破士、庶阶级，作成国民参政机会均等的制度。
  - 2. 弊——唐用诗赋，使士不务实学，专尚浮文；元用经义，指定注解的书；到明更定为八股，便变成俳优搬演古人唾余的杂伎，不是发表见解、学识的经义了。

清以前的学校
- （一）总述——考试制度盛行以后，并非没有学校，不过士人多务心于科举，学校遂有名而无实了。现述国子监等校于下。
- （二）国子监
  1. 晋、隋——创始于晋，本名国子学；至隋改名国子监。
  2. 唐——唐沿隋制，所属学校有六，即国子、太学、四门、律学、书学、算学。时国子监颇有教育行政机关的性质，掌之者有祭酒、司业等官，任教授之责者叫博士。
  3. 北宋——安史乱后，学校衰废，至宋熙宁，才兴修太学，定三舍制，但后亦不果行。
  4. 南宋及元——与科举并行。
  5. 明——明曾令科举必由学校，学校可不必由科举，国子监甚至可以随时任官；但不久仍重科举。
  6. 明末——自宣宗以后，开了纳粟入监之例，国子监生遂不为人所重视。
  7. 清——亦设祭酒、司业、博士等师儒之官，以教贡生、监生等，但监生等并不一定要入监肄业。

清以前的学校
- （三）儒学
  - 1. 起源——儒学即唐、宋时的地方学校，其设置至明始盛。
  - 2. 明
    - （1）学官——凡府、州、县卫所，皆建儒学，府设教授，州设学正，县设教谕各一以教之，更各设训导以副之。
    - （2）学额——食廪者为廪膳生，原额外增广者为增广生。后学校再增广，令其入学，附于诸生之末，叫附学生；府、县官保送的童生，因优而录取，叫附生；其未入学者，通称童生。
  - 3. 清——清仅改提学道为学政，此外无所改革。
  - 4. 流弊——学政仅为科举取士之官，教官亦成坐食的闲曹，所谓儒学，不复为学宫，仅为供祀孔子等的圣庙了。
- （四）书院
  - 1. 起源——书院之名，始于唐的集贤殿书院，至以书院为教育机关，则自宋初白鹿洞、岳麓、应天府、嵩阳四大书院始。
  - 2. 沿革——初本为私人讲学之所，南宋诸名人，讲学多在书院，书院始盛。明末的东林书院至势倾朝野。
  - 3. 师资——官立的由官延师，私立的由立学者自教，通称山长。
  - 4. 代兴——清世宗命直省省城立书院；后府、县亦渐设立，书院遂代儒学而负地方教育之责。

清末的学校
- （一）培养通才——《南京条约》缔结后，清觉外交无人，国防又无人，遂设立各种专门性质的学校，更派遣留学生，以期深造。
- （二）有系统的教育——以前的办学校，并非认为百年大计的教育方针，不过应付时势的需要；到了一九〇二年，将张百熙定的学堂章程，正式颁布，是为我国有现代体系的学校制度之始。
- （三）废科举——虽办学堂，其奖励办法，仍用附生、举人等科举名目，因尚行科举，恐人不肯进学校，乃有此办法；到了一九〇五年，停止乡试、会试等考试，于是科举制度，彻底废除。后一九一一年，废止奖励办法，科举余毒，才一律洗尽。
- （四）教育制度——张百熙定学堂章程后，其学校制度，常有更改；到一九〇五年，颁布《女子师范学堂章程》等，女子才有受教育的机会；到一九一一年，定四年小学为义务教育，才知国民教育之重要。
- （五）教育行政——一九〇五年，设立学部，是为教育行政有专管部之始。于各省设一提学使，将学政裁撤，是为有省教育行政机关之始；又对于州、县教育行政事宜，更有劝学所之规定，地方行政教育机关才成立。
- （六）学堂名称
  - 1. 高等教育——分为大学院、大学堂和大学预备科三级，其高等学堂、优级师范、高等实业学堂则和大学预科同级。
  - 2. 中等教育——只有中学堂一级，后来曾分为文、实两科，其与之同级的，为初级师范、中等实业。
  - 3. 初等教育——分高等小学堂、初等小学堂、蒙学堂三级，和高小同级的，为初等实业。

第八章　历代的工商业

第一节　工业

历代概况
- （一）上古——黄帝时，在日用上，已有衣、裳、冠、履，且知染色之法；在交通上，已有舟、楫、轮、车；在武器上，已有弓矢等。夏禹治水，史称其"左准绳，右规矩"，可见已注意到方圆平直。然所作工业，终不过农家副业。
- （二）周——到了周代，《考工记》上有"郑之刀，宋之斤"等语，工业似已进步；《论语》上"百工居肆以成其事"，更见手工业已有专门的人。
- （三）汉——到了秦、汉，已有从烧盐冶铁致富的人，足见当时工业，有相当的进步。
- （四）隋唐——自汉到唐之间，在机械上，有诸葛亮的木牛、流马，马钧的织机、翻车，祖冲之的千里船，唐曹王皋的轮舰；在天文上，有张衡的浑天仪，及候风地动仪等；尤著名的，为唐昌南镇的瓷器，即现在景德镇瓷器所自始。
- （五）宋——宋代的手工业，已日趋精细，各州的土贡物产中，同一丝织品中，有绫、罗、纱、䌷等名目，而且同一种绫，同一种罗，也有许多名目，可以证明；且从《通考·钱币考》中，可见那时铸钱，已有大规模的工厂。
- （六）元、明——元世祖的兴建铁冶，明世宗的开掘银矿，足见工业的兴盛；此外如瓷器，景泰蓝，杨倭漆等，均为当时有名的工业。

清到现在 ┤
- （一）概况——清到现在，其衣、食、住的工业，多停留于农业社会之下，所可称述的，只有景德镇的瓷、福州的漆、湖南的绣货，但都为美术品、奢侈品。现述手工业的种类，及机器工业、矿业于下。
- （二）手工业
  - 1. 第一类——自备工具以待人雇的流动工人，凡木匠、泥水匠、裁缝等是，工作完毕，即行他往。
  - 2. 第二类——自备原料，自行制造，以待定购的工肆，如染坊、机坊、砖瓦窑，以及瓷器等是。有时虽雇夥匠，但主人本身仍事劳动。
  - 3. 第三类——有资本而营企业，设厂雇人制造，其夥匠多至数十人，主人亦不亲自劳动。
- （三）机器事业
  - 1. 种类
    - （1）农业机器。
    - （2）推进机器。
    - （3）织造机器。
    - （4）发电机器。
  - 2. 来源——机器的来源，都由国外输入，中国自制者绝少。
  - 3. 状况——全国工厂数，因无统计，不能查考，照海关机器进口推测，以民营为最盛；各业中以棉织业为最发达。

清到现在 ——（四）矿业
- 1. 分期
  - （1）三期
    - ① 官矿时代——自光绪初年至二十年。
    - ② 外资时代——自光绪二十年至宣统三年。
    - ③ 民矿时代——民国时期。
  - （2）解释——矿业在中国，向为政府所专营，铁尤为向所笼榷的一种，所以新矿业初起，皆为官营；其后因外人的强迫要求，不得已许之，遂有外资时代；既许外人，才许人民开采，所以有民营时代。
- 2. 概况——矿的种类，有煤、铁、锑、钨、锡、锰等名目，而以煤为最占重要，占矿产额百分之九十；其次为铁，占百分之六以上。煤、铁的发展，亦足征我国机器工业的发展。

中国贡献于欧洲的五大发明 {

（一）蚕丝——蚕丝的发明，传说为黄帝妃西陵氏（嫘祖），虽不能确信，但西阴村所掘出的半个蚕茧，可证明中国之有蚕丝业，确在皇古时候；传入欧洲东罗马，大约在公元六世纪。

（二）磁针——黄帝的指南车，虽不可确信，但"磁能召铁"的话，已见于《吕氏春秋》，可证发现在秦、汉以前；到北宋时，磁针的使用才盛，航海的和看风水的，都拿来定方向。十二世纪时传入阿拉伯，由阿拉伯传入欧洲，便成了欧人发现新大陆、新航路的利器。

（三）火药——火药起于何时，虽不可考，但北宋《武经总要》中，已载用焰硝、硫黄、砒霜、木炭末等制造火药；南宋虞允文做成霹雳炮，理宗时有突火枪，是已利用火药做武器；到十四世纪才传入欧洲。

（四）活字印刷——印刷术始于唐末益州的墨版，至五代及宋，始流行于全国；北宋仁宗时，毕昇用胶泥造成字模，置之火中烧硬，然后排在铁板上印书，是为活字版的来源，先于欧洲的活字版三百年，盖也从中国传入欧洲。

（五）纸——古代的书册，都用竹简、木版、绢帛；到了后汉，宦官蔡伦用树皮、麻头和渔网等造成纸；后即传入西域；八世纪传入阿拉伯；十世纪传入埃及，埃及即用中国法造纸；十二世纪中国制纸法始绕道非洲传入西班牙和法兰西，从此纸遂盛行于欧洲。

文具 {
（一）笔——写字方法，初用刀刻，从龟甲文可以证明，后用木杆蘸漆，写在竹帛上；到了秦始皇时，蒙恬削竹作笔管，扎兔毛作笔头，笔才成功。
（二）墨——古来用漆写字；到了周代，邢夷削黑石为墨，叫作石墨；直到魏晋时候，发明一种墨丸，是用漆烟和松煤做成，后来专用松煤，叫作松烟墨。
}

第二节　商业

上古至隋 {
（一）萌芽——神农氏日中为市，以有易无，是商业在上古时已有萌芽。
（二）发达——到了春秋战国，因诸侯兼并，关禁既少，而工业振兴，币值又定，商业才发达。郑商弦高的救国，吕不韦的为太子谋复国，都可以见商人的势力。
（三）兴盛——秦废封建，人民得私有财产，贫富不均的现象，逐渐显著；加以秦亡汉兴，世变剧急，商人更有投机居奇的机会，以谋兼并，商业更兴盛。
（四）打击——汉监其弊，用重农轻商政策，一面轻视商人，用种种苛例，以困商人；一面更与商争利，用筦榷、均输平准等法，名虽裕国安农，实则使商人无从得利，商业遂打击。
（五）停顿——此后直至唐代，历代帝王，都沿袭重农政策，虽不一定抑制商人，但终无保商政策；加以荒乱相仍，南北分裂，层层障碍，商业遂停顿而不能兴盛。
}

- 唐至明
  - （一）唐——隋、唐以后，国内外的交通，益行发展，商人多往国外贸易，其输出品，以盐、茶为大宗，茶叶的出口实始于这时。
  - （二）宋——到了宋代，同业的商人，有集合团体的组织，每行有"行头""行老"的名目，做他们的领袖，使各地行商京师的铺贾，能够相通。
  - （三）元、明——元本注重商业，马可波罗的来中国，即从其父来经商可证；及明时，海外贸易，亦颇发达，郑和下西洋后，南洋群岛等地方，又有国威可凭借，商业更发达。

- 清到现在
  - （一）概况——自汉行重农抑商政策，直到清代，商业终不能发展，除广东的洋商，扬州的盐商外，可说没有大商家，但洋商不过沾外人余沥，盐商沾筦榷余沥，只可说是官，不能说是商。现述其种类于下。
  - （二）种类
    - 1. 市集——内地农村较密的地方，择一适富处，定为市集，数日一聚，自行直接贸易，名为"赶市"或赶集，仍是"日中为市"的原始状态。
    - 2. 商行——米行、木行、茧行等皆是，收买农民的剩余产物，卖于商店以贸利，这是农村商业经济的枢纽。
    - 3. 商店——吸收商行的农产品，及异地的手工制品，以售于消费者，是一种间接而又间接的贸易，实为构城市商业的主体。
  - （三）批评——消费者终在占全国百分之八十的农民，一到供求平衡，即行停止，商业自难发展。

货币
- （一）起源
  - 上古——上古以物易物；货币的起源，人说伏羲、太昊氏时，已用贝为货币，但其说不可信。
  - 周初——太公望的立圜法，人以为钱法之始，似亦不可信；但《说文》上，有"周而有泉（钱）"一语，各种彝器上，又有"王赐金百寽"等话，是周初已用生金为币。
  - 周末——周景王铸大钱，见于《国语》。从《国语》上单穆子的话看来，是已有主币、辅币，可见周末货币制度已成立；此外如齐刀、莒刀，又给后人以实物上的佐证。

- （二）变迁
  1. 停顿——自周至明，所谓币制，都以钱为主币；即有不足，乃以生银或生金的两来折算，虽钱的大小轻重，时有更改，其为主币则一。
  2. 钞币——到了元、明，因交通的便利，工商业兴盛，国家屡发行钞币，为生财谋利的计划；卒因滥印滥发，钞值大落，民受其害；到了清代，初年也钱、钞并用，后即将钞废止，另用生银铸成元宝、马蹄银等为辅助作用。
  3. 银元——明末西班牙银元输入，民间渐用银元，叫作"本洋"；后墨西哥银元代本洋流行民间，叫作"鹰洋"；清末各省又自铸龙圆以通用。
  4. 银角——光绪末年，各省又纷纷铸银角，铸铜元；事实上便以银元为主币，其下为银角、铜元、制钱，成为辅币。
  5. 本位——民间虽通用银圆，国家税收等，仍以银两为本位，而两的轻重，又不一律，有漕平、库平等分别。

金融 {
- （一）子钱家——我国的金融事业，古已不可考；汉代有子钱家，载于《史记·货殖列传》，是借钱给人以谋利的。
- （二）飞钱——《唐书·食货志》说："唐宪宗时，诸商贾至京师，委钱于诸路进奏院等，以轻装趋四方，合券而取之，名曰飞钱。"这是汇兑业的起源。
- （三）交子、关子——宋时，蜀人以铁钱重，私为券，叫作"交子"，以便贸易；又宋高宗令户部造见钱关子，令诸商行用，这是钞币的起源。
- （四）票号——清初，山西人康姓，得藏镪后，于省城设立票号，借给商人往外营业；后来甬人创设钱庄，这是用于生产的金融事业之起源。
- （五）银行——一八五七年，英商麦加利银行设分行于上海，是中国有银行之始；一八九七年，设中国通商银行，是中国人自办银行之始；一九〇八年，大清银行成立，是我国有国家银行之始。

交通 {
- （一）铁路——陆路上交通，中国向有驿站制度，但所用不过车马；光绪元年，英在上海吴淞间造铁路，中国尚和其交涉，备价收回，即行拆毁；到了光绪二十二年，因无法禁止列强的经济侵略，遂许其投资造路。
- （二）航业——我国对海外航业，虽亦发达，但所恃仅帆船，其用汽船营运输业规模较大，历史最早的，只有一招商局，为朱其昂所计划，而成立于李鸿章之手，航行沿海及内河，并远至新加坡、日本等处，自归商办后，遂一蹶不振，而政记轮船公司，起而与之对峙了。

第九章　历代之家族制度

上古至周
- （一）母系中心时代——在渔猎时代，男子除随身武器外，没有财产，并且没有家，家是女子的。其时没有一定的配偶，子女之体本从母体分出，自然只知有母，所以成为母系中心时代。
- （二）父系中心时代——到了畜牧时代，男子有驯养的牲畜做财产，不必依附女子；女子因生产能力，不及男子，反依附男子；而且男子还要掠夺女子，来给他服役，成为配偶，便成为父系中心时代。
- （三）婚姻制度——上古史上的传说，婚姻起于伏羲，伏羲亦作庖牺，原可作代表畜牧民族的名词；至于婚姻，则观纣之伐有苏氏以娶妲己，晋献公伐骊戎以娶骊姬，可为掠夺之证。
- （四）家族制度——有夫妇，有父子，于是有兄弟姊妹，而家族以成。家族制度的组成，即是以父为家长，代表家的便是父，其证据：（1）"父"字在《说文》上，解作手持杖，即是表示治家之主；（2）《礼记》上有"子妇无私货，无私畜，无私器，不敢有私"的借贷和赠与，可见妻与子都为父的财产。
- （五）继承问题——父权既成为家长权，家长地位的继承问题，自属重要：（1）殷人兄弟相及，不论嫡庶长幼，都有依次继统的资格；（2）周则只嫡子有继统的资格，必嫡夫人无出，然后择年最长之庶子来代替。周这种办法，叫作宗法（参看宗法节）。

秦至明
- （一）富豪兼并
  1. **由来**——井田制破坏以后，宗法制度，也随之而崩坏，加以工商业勃兴，遂有富豪兼并之事产生。
  2. **方法**——其兼并方法：（1）一面经营商业，一面投资农村，以兼并农民的土地；（2）借债于人，以收其子钱；（3）利用奴隶来做生产事业。
- （二）富豪消灭
  1. 秦及汉初，富豪极多；后因政府无保商之政，而且政府行筦榷等政，无处投资，富豪因之而少。
  2. 历代法律，对于遗产，都认均分的原则，所以虽有大富豪、大地主，易世而后，均分又均分，将富豪消灭；到了清末，都成为一个小资产阶级的社会。

第十章 历代之奴隶制度

上古时民即为奴
- 官家
  - 1. 来源——罪人没入于官。
  - 2. 分类
    - （1）在官——供使令的，即皂、隶、舆、僚、台、仆等。
    - （2）不在官——为贵族耕地的农夫。
- 私人——似不蓄奴，例如《论语》上的"有事弟子服其劳"，"童子洒扫应对进退"；又如"冉有仆""阙党童子将命"等语可证。

秦以后概况
- 1. 买卖——上古的民，并不能当做商品买卖；到了秦朝，才置奴婢之市，与牛、马同栏。
- 2. 数量——自秦以后，直至清初，奴婢之多者在千人以上，少亦到数十。
- 3. 价值——现多不可考，但北朝魏时，买卖奴婢的价值，是以耕牛二十头当奴婢八。

秦以后概况 ── 4. 来源 ┌ （1）因贫卖身。
　　　　　　　　　　│（2）卖身投靠──例如明代宦官擅权，暴虐百姓，人民不堪其扰，遂卖身于
　　　　　　　　　　│　　　　　　　　达官豪宗以求活。
　　　　　　　　　　│（3）被掠卖──起于民族竞争中的战败者。
　　　　　　　　　　└（4）犯罪没入。

清末 ┌（一）变迁──到了清末，只有女子卖身为婢，男则只有取薪资的雇佣，竟不见卖身为奴的人了。
　　 └（二）原因──清定了"丁随地起""滋生人口不加赋"的田赋制，所以不必逃避，落得自耕自食，
　　　　　　　　　不愿为奴了。

第十一章　历代之宗教

第一节　宗教概言

宗教观念 ┤
- （一）上古——迷信神权。
- （二）三代——迷信只有尊天敬祖。所以尊天，欲限止君权；所以敬祖，意在推行宗法社会。没有出世的宗教观念。
- （三）周末——燕、齐才有方士，造出神仙不死之说，势力很盛。
- （四）汉朝——自佛教传入，道教兴起，宗教遂成立。

第二节　佛教

佛教 ┤
- （一）教主——释迦牟尼，姓乔达摩名悉达多，为中印度迦毗罗卫国净饭王的太子。
- （二）教旨——以慈悲平等，普度众生。
- （三）动机——知生、老、病、死的惨状，便起出世的观念，因婆罗门教徒强分阶级，便想超脱相残的生活。
- （四）修道——抛弃王位，别离妻子，入山修道，绝食苦行，终能了解大道。

汉、魏时的情形 {
- （一）始来中国——汉哀帝时，秦景宪从大月氏使臣伊存口授《浮屠经》，是佛教入中国之始。
- （二）始立佛寺——东汉明帝遣蔡愔往西域求佛法；后和沙门迦叶摩腾、竺法兰用白马载佛经、佛像同来，就在洛阳建白马寺，是中国有佛像、佛寺之始。
- （三）始译佛经——迦叶摩腾译《四十二章经》，竺法兰译《十住经》，是中国翻译佛经之始。
- （四）始有沙门——魏文帝曹丕时，中国人始正式皈依，剃发为僧。

南北朝时的情形 {
- （一）君主——北朝信佛的君主，有石勒、苻坚、姚苌，北魏的道武帝、明元帝；南朝有宋文帝、梁武帝的信佛尤著名。
- （二）高僧——有佛图澄、鸠摩罗什，罗什才德既优，译书尤多。
- （三）以释为氏——魏、晋时的沙门，都以师的姓为姓；到卫道安以为大师之本，莫尊于释迦，便以释为氏。
- （四）影响 {
  - 1. 艺术——佛教盛行后，建寺造塔，雕像立碑，印度的艺术，遂流行于中国。
  - 2. 音乐——琵琶、胡琴等外国乐器，亦随佛教而盛行于中国。
  - 3. 音韵 {
    - （1）翻切——三国时孙炎根据婆罗门书用十四字贯一切音的方法，创作翻切。
    - （2）音韵——沈约又创平、上、去、入四声，音韵学于是成立。
    - （3）字母——唐僧守温又定三十六字母，为现在注音符号所取法。

隋唐间的情形 {
- （一）佛经失真——自南北朝经隋至唐，佛教虽盛，但经典多自西域间接传入，未免失真。
- （二）取经印度——唐太宗时，玄奘由陆路至印度取经；高宗时，义净由海路至印度取经，共取回一千余部。
- （三）翻译经书——玄奘等日夜翻译，佛教益流行于中国。
- （四）沟通文化——玄奘又译老子《道德经》为梵文，传至印度，是沟通中印文化之盛事。
- （五）禅宗盛行——梁武帝时，达摩来中国，不说法，不著书，以修心养性教人，和从前佛教宗派不同，是为中国有禅宗之始，到唐时极盛。
- （六）武宗毁佛——唐武宗毁全国佛寺很多，和北魏的太武帝、北周的武帝，同一行事，所以称为"三武之祸"。
}

藏传佛教 {
- （一）来源——本为印度佛教的一派。
- （二）兴盛——唐时始行于西藏，元世祖尊喇嘛八思巴为国师，管理西藏政教，是为藏传佛教极盛时代。
- （三）分派 {
  - 1. 红教——明初，教徒日形堕落，只知念咒语，弄幻术。
  - 2. 黄教——宗喀巴从事改革，禁娶妻，排幻术，令教徒服黄色衣冠，和旧教用红色分别。
  }
}

藏传佛教
- （四）统一——明初，黄教居前藏，红教居后藏；到了达赖五世，扩张黄教势力，而班禅统治后藏，由是前、后藏尽为黄教所统一。
- （五）呼毕勒罕
  - 1. 意义——化身的意义，因为活佛能不昧本性，寄胎转生，仍接前生职位，这叫"呼毕勒罕"。
  - 2. 传世——黄教既不娶妻，所以宗喀巴死，令其弟子达赖和班禅，以"呼毕勒罕"传世。
- （六）金奔巴
  - 1. 意义——金瓶的意义。
  - 2. 原因——呼毕勒罕嗣续法，易起争执，例如达赖死后，遗言生在何地何时，倘同时同地，有两小儿，即起争执。
  - 3. 方法——倘有纷争，将两儿书名于签，纳入瓶中，擎签以定。

第三节 道教

道教之成立
- （一）特点——中国只有道教为自创的宗教。
- （二）首创者——张陵遍游名山大川，后居龙虎山，其裔遂世居其地，人称为天师。
- （三）教义——取佛教的形式，附会老子为太上老君，奉为教祖，而以符咒治病降魔。
- （四）五斗米道——要从张陵学道，须酬以五斗米，故有此称。

晋、南北朝时的情形
- （一）南方
  - 1. 人物——魏伯阳、葛洪、陶弘景等。
  - 2. 教义——用修炼的方法，讲求长生，和张陵不同。
  - 3. 势力——行于南方，陶弘景且为梁武帝所敬。
- （二）北方
  - 1. 人物——寇谦之。
  - 2. 教义——用斋醮符咒等法，和张陵同。
  - 3. 势力——为北魏太武帝所信，因此流行民间很盛。

唐至清的情形
- （一）唐——因认老子为同姓，特尊道教，尊老子为太上玄元皇帝，且置崇玄馆，令人研究。
- （二）宋——真宗、徽宗二帝的提倡，势很盛。
- （三）元——世祖封江西龙虎山张宗演为真人，后累代袭封号。
- （四）明——世宗特重道教，道士有为礼部尚书者。
- （五）清——仍封张真人为天师，设道录司以管理道士。

第四节　各教

一、唐代各教

教别	伊斯兰教	景教	袄教（拜火教）	摩尼教
创始人	穆罕默德	聂斯脱里	琐罗亚斯德	摩尼
宗旨	信安拉	信上帝	避阴神就阳神	袄教、景教、佛教三教所合成
传入时	隋唐时由海道传入	唐太宗时	南北朝末年	唐初
衰时		唐武帝	武宗时	武宗时

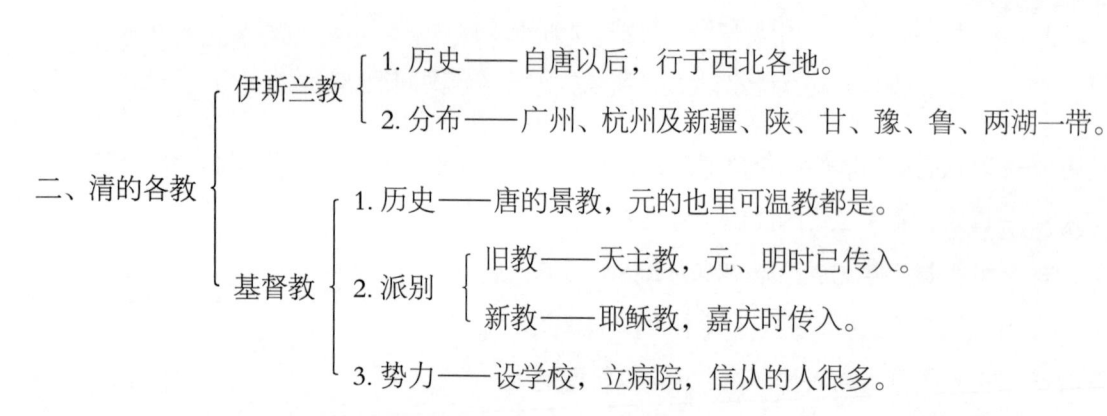

二、清的各教
- 伊斯兰教
  - 1. 历史——自唐以后，行于西北各地。
  - 2. 分布——广州、杭州及新疆、陕、甘、豫、鲁、两湖一带。
- 基督教
  - 1. 历史——唐的景教，元的也里可温教都是。
  - 2. 派别
    - 旧教——天主教，元、明时已传入。
    - 新教——耶稣教，嘉庆时传入。
  - 3. 势力——设学校，立病院，信从的人很多。

附表

朝代	开国帝皇 尊号	开国帝皇 姓名	亡国帝皇 尊号	亡国帝皇 姓名	都城	疆域变迁	附注
夏	禹	姒	相		安邑		夏到相时，本为寒浞所灭，少康是历史上中兴之始。
	少康		桀	癸			
商殷	成汤	子履			亳		盘庚迁都于殷，所以，商亦称殷。
	盘庚	子旬	帝辛	纣	殷		
周	武王	姬发	幽王	姬宫涅	镐京	上古时代仅占黄河两岸，是时已扩张到长江以南，辽河以东。	平王东迁洛邑，为避外患而迁都之始。
东周	平王	姬宜臼	赧王	姬延	洛邑		
秦	始皇	嬴政	子婴	嬴婴	咸阳	南并百越，扩张到珠江流域；北取朔方，扩张到河套南北；东取朝鲜，有鸭绿江流域；北灭匈奴，有沙漠南北；西服西域，兼领天山南路与中亚。	
西汉	高帝	刘邦	孺子婴	刘婴	长安		
东汉	光武	刘秀	献帝	刘协	洛阳		
魏	文帝	曹丕	帝奂	曹奂	邺		
蜀	昭烈帝	刘备	后主	刘禅	成都		
吴	大帝	孙权	末帝	孙皓	建业		
西晋	武帝	司马炎	愍帝	司马邺	长安		
东晋	元帝	司马睿	恭帝	司马德文	建业	各族分立，幅员缩小	元帝的迁都，是避外患而迁都的第二次。
宋	武帝	刘裕	顺帝	刘準	建业		
齐	高帝	萧道成	和帝	萧宝融	建业		
梁	武帝	萧衍	敬帝	萧方智	建业		

朝代	开国帝皇		亡国帝皇		都城	疆域变迁	附注
	尊号	姓名	尊号	姓名			
陈	武帝	陈霸先	后主	陈叔宝	建业		
北魏	道武帝	拓跋珪					
西魏	文帝	元宝炬	恭帝	拓跋廓			
东魏	孝静帝	元善见					
北齐	文宣帝	高洋	幼主	高恒			
北周	孝闵帝	宇文觉	静帝	宇文阐			
隋	文帝	杨坚	恭帝	杨侑	长安	开疆辟土，与汉代不相上下。	
唐	高祖	李渊	哀帝	李柷	长安		
后梁	太祖	朱温	末帝	朱友贞	大梁	各区又分裂。	灭梁以后，才迁都洛阳。
后唐	庄宗	李存勖	废帝	李从珂	洛阳		
后晋	高祖	石敬瑭	出帝	石重贵	大梁		
后汉	高祖	刘知远	隐帝	刘承祐	大梁		
周	太祖	郭威	恭帝	柴宗训	大梁		
北宋	太祖	赵匡胤	钦宗	赵桓	汴	历朝版图，以宋为最小，河北、山西的北部，被契丹所据；陕、甘的北部，为西夏所据。	
南宋	高宗	赵构	末帝	赵昺	临安		高宗的迁都，是避外患而迁都的第三次。
辽	太祖	阿保机	天祚帝	延禧	上京		
金	太祖	阿骨打	末帝	完颜承麟	上京、京都		

朝代	开国帝皇		亡国帝皇		都城	疆域变迁	附注
	尊号	姓名	尊号	姓名			
元	太祖	铁木真			燕京称为大都（北京）	包亚洲全部，欧洲东部与非洲东北部。	蒙古族至世祖，才统治中国。顺帝之亡，亦不过逐出塞外；元之亡，实亡于天元帝脱古思帖木儿。
	世祖	忽必烈	惠宗（顺帝）	妥懽帖睦尔			
明	太祖	朱元璋	思宗	朱由检	顺天府（北京）		明初都应天府，后防蒙古，迁顺天府，遂有南京、北京之名。
清	太祖	努尔哈赤					清太祖起于满洲，到世祖才统治中国，建都顺天府。
	世祖	福临	宣统帝	溥仪	北京		